高等教育政策と私学

瀧澤 博三

悠光堂

目　次

序章――大学は「知の拠点」たり得るか――

　今日、高等教育に関する大学人自身による調査・研究は逐年質量ともに充実してきたが、これらの活動を担う研究者は従来とかく国公立大学の関係者に多く、いきおい国公立大学の視点に立った論考に偏りがちであり、私学の目線に立ち、より私学の実態に迫った調査・研究が盛んとなるよう私学を拠点とした研究体制の充実が期待されてきた。

　日本私立大学協会が平成一六年一〇月に、協会の附置機関として私学高等教育研究所（私高研）を立ち上げたのは、このような期待に応えるものであり、以来、国・公・私にわたる大学から委嘱した研究員、客員研究員によりいくつかの研究プロジェクトを設け、逐次今日の私学政策の諸課題を捉えて研究を行ってきた。その成果は、公開研究会の開催、研究叢書の刊行、教育学術新聞のコラム「アルカディア学報」等として公表してきた。

　これら研究成果公表の活動に当たっては、私も主幹として極力参加し、私高研への理解を得るべく努めてきたが、昨年の暮れに丁度一〇年の任期を終えて主幹を退職するに当たり、これまでに私高研から公表した論考等に改めて目を通したとき、全体の体系性に欠ける面はあるものの、高等教育とくに私学高等教育政策の全体像が時流とともに揺れ動く姿が浮かび上がってくるように思われた。この小冊子はこれら既出の論考等を取り纏めたものであるが(下記「初出一覧」参照)、中でも特に問題意識として頭に残ったのは、戦後の学制改革以来、高等教育の基本理念として形成されてきたもの—社会の安定と進歩のための「知の拠点」としての大学への期待とそのための知性の府としての大学の制度化—に対する国民の信頼が薄れてきているように思われたことである。

このことは、世界の大学が、知性の府として歴史的に築きあげてきた制度の基本理念である「学問の自由、大学の自治、私学の自主性」などへの疑念、不信となって表れてきているように思われる。最近の二、三の関連した動きを挙げてみよう。

「管理運営」から「経営」へ　近頃は大学の管理運営に「経営」という概念が使われることが多くなっていたが、平成一三年六月に、小泉内閣のもとで遠山文部科学大臣が公表した「大学(国立大学)の構造改革の方針」では、「国立大学に民間的発想の経営手法を導入する」と明言している。しかし企業等の民間組織での「経営」に求められるのは、「全体の最適」であり、目標へ向けての戦略的アプローチであり、そのための責任者のリーダーシップである。反面、大学の組織は専門別分散が必然であって、「経営」の目から見れば大学の管理運営は非効率、非合理との謗りを免れない。大学は「知の拠点」としての専門的機能への社会の期待と、「経営」の視点からの総体としての大学の管理運営への要求との矛盾にどう応えたらよいのだろうか。

教授会の諮問機関化　学術のプロフェッショナル集団としての教授会は、大学自治の理念の拠り所である。最近の学校教育法の改正で、「大学には、重要な事項を審議するため、教授会を置かなければならない(九三条)」という規定を削除し、改めて教授会の役割を学長の諮問機関的なものと位置付けたが、これによって、学長の権限は確立し、リーダーシップの基盤は整ったが、「大学の自治」はその拠り所を失った。

私学の自主性の変化　戦後、私学助成の制度が逐次充実されると同時に、助成を通じて国の政策的な圧力が強まったり、私学の自主性が損なわれたりすることのないよう、様々な仕組み、ルールが設けられてきたが、大学改革に対する社会の関心、期待の高まりとともに、昨今では私学助成にも政策誘導的な姿勢が次第に強まりつつあるように窺える。また、認証評価制度が始まり、一方で法令違反行為に対する行政による是正命令の規定が、戦後私学には適用除外とされていたのを、最近改めて復活させたことなども、今後私学の自主性の理念にどのような影響を及ぼすのか注目が必要なところであろう。

大学改革は、いま、どこに向かっているのだろうか。

政府の審議会、調査会等の提言等から大学改革の目標をどのように表現しているかを見ると、大方は「大学の機能の強化」だとしているようである。この「機能」とは何かといえば、その文脈から理解する限り、それは大学の本来的なミッションとして内部からのイニシャチブにより生まれてきたものではなく、外部社会からの期待に反応して生まれてきたものという経緯が見える。文部科学省では、これら社会から大学への期待を、地域再生、世界的な高等教育の拠点形成、産業界等との連携による人材育成など幾つかに類型化し、それぞれに助成金を用意してその実現を支援しようとしている。行政からの示唆、支援ということは必要なことであろうが、それをもって大学改革の主流と考えることはどうであろうか。大学改革が外部反応型、サンプル依存型では、それは主体性・独創性に乏しく、知の拠点としてダイナミックに発展してゆく力になりえないのではないだろうか。

明日の日本を支えるべき高等教育の改革を論ずるとき、まず欠かせないことは大学の自治、私学の自主性など大学の基本理念に立ち返ることであろう。大学が、そのミッション・建学の精神に即して、独自性と主体性をもって改革構想をすすめることこそが、社会に対して知の拠点としての機能を十全に果たしてゆくことに繋がるのだと考える。

初出一覧

第1章　高等教育政策と私学

1　私学高等教育政策の軌跡を辿る　—アルカディア学報　No.187、No.188

2　大学改革と財政政策　—研究叢書「高等教育のファンディング・システム」二〇〇九年三月　二十二〜二十六頁

3　私学振興の可能性と課題　—IDE現代の高等教育　No.538　二十二〜二十六頁

第２章　規制改革と高等教育　―規制改革に関する研究会報告書　二〇〇九年七月　四～二十七頁
第３章　私立大学と学校法人
１　学校法人は誰のものか　―アルカディア学報　№２９２、№２９３
２　私立大学ガバナンスの現状　―ＩＤＥ現代の高等教育　№４８１　十八～二十四頁
３　私立大学の基本理念再考　―アルカディア学報　№４５０、№２２８
４　高等教育の「私学化」とは何か　―アルカディア学報　№２０２
第４章　認証評価制度の課題　―研究叢書「認証評価に関する研究」二〇一一年三月　一～十頁
第５章　国立大学法人と私学　―関東地区連絡協議会　平成一六年六月四日
「コラム欄」について　―各章の末尾に小さなコラム欄を設けている。かつて時事通信社の内外教育版からの依頼で、そのコラム欄「ひとこと」に定期的に原稿を送っていた時期があったが、その中には今回の各章のテーマに関し、一つの視点を示しているものもあり、参考までに数点を選んで再掲することとした。

第1章　高等教育政策と私学

第1節　私学高等教育政策の軌跡を辿る

高等教育の普及が「ユニバーサル段階」に達しており、かつその中で私学のシェアが四分の三と、過半を占めている。こういうわが国の高等教育の構造は世界的に見てきわめて特異なケースである。しかし、さらに特異なことは、これだけ成熟段階に達した高等教育の大半を私学が担っていながら、私学高等教育政策については、その目標も政策の大綱も国民の前に明確にされていないことである。

このような私学高等教育政策の曖昧さを生んだ大きな原因の一つは、戦後の学制改革に際して、私学の自主性という理念の下に、行政の私学への規制・監督は極力抑制すべきだとされ、以来半世紀を越えた今日まで、行政と私学との関係のあり方を時代の変化に即して基本から議論することがなく、曖昧なままにされてきたことにある。またこの行政と私学の関係の未成熟は、国立の学校を中心として運営されてきた戦前の高等教育政策の形を、戦後の諸制度の改革にもかかわらず今日まで色濃く残す結果に繋がったとも思われる。

本稿では、このような私学に対する行政のスタンスの曖昧さが戦後、今日までの高等教育政策にどのような影響を与えてきたか、またそれによって今日わが国の高等教育にどのような問題が残されてきたか、戦後の高等教育政策の流れにいくつかの大きな節目を作ってきた文部省（文部科学省）の審議会等の答申を辿りながら試論として整理してみたい。

1　高等教育政策の三本の柱

私学高等教育政策の柱は設置認可制度と私学助成であるといわれることが多いが、これは政策手段に着目した話であって、政策目標自体に関しては高等教育政策と私学高等教育政策を切り離して論ずることはできない。そこで、まず高等教育政策にはどのような課題があるかを大づかみにまとめてみたい。これには基本となるものとして、およそ次の三つの柱を挙げることができよう。

（1）高等教育の制度設計

これには大学、大学院、短期大学、高等専門学校、専修学校のそれぞれ個別の制度の問題と、これら各種の制度が集まって全体としての高等教育システムを形成している、その構造の問題とがある。

（2）需給の調整

需給には入口（入学時）の問題と出口（卒業時）の問題とがある。

（3）質的水準の維持

まず制度としてのルールの設定がある。大学設置基準など各種の法令等による基準がこれであり、また、第三者評価制度もこれに当たる。次に、行政による各種の規制がある。設置認可制度や行政庁による指導・監督がこれに当たる。

これら三つの課題は、高等教育の使命にかかわる本質的な課題であり、時代により軽重はあるにしても、高等教育政策の重要課題であることは常に変わらない。高等教育が国家・社会の要請に応えていくためにはこれらの課題に対する対応の仕方について一貫した考えがなければならない筈である。ところが戦後の高等教育政策の流れを俯瞰すると、この三つの政策の柱に対する考え方にぶれが大きく、政策の一貫性が損なわれていると思わざるを得ない。時々の社会・経済の変動によって政策の方向性の修正が必要になることは当然であるが、私学高等教育政策のあり方に対する考え方、特に政策をめぐる行政と私学との関係についての検討が十分に行われず、両者の成熟した関係が構築されていないところに大きな原因があるように思われるのである。

そのような観点から、上記の三つの高等教育政策の柱について、私学高等教育政策を中心にしながらどのような変化があったかを辿ってみたい。ここでは、新制大学の発足後、一〇年から一〇数年のスパンをおいて、高等教育制度全般を見直し、改革の方向性を議論した審議会の答申等をその手がかりとする。昭和三八年の中央教育審議会答申「大学教育の改善について」（三八答申）、同四六年の答申「今後における学校教育の総合的な拡充整備のための基本的な施策について」（四六答申）、昭和六一年の臨時教育審議会の第二次答申、平成一〇年の大学審議会答申「二一世紀の大学像と今後の改革方策について」ならびに、現在まだ中間報告の段階であるが、近く最終答申になる予定の中央教育審議会の「わが国の高等教育の将来像」などであり、これらの答申は、いずれも高等教育政策の流れの中で大きな節目を作っているといえる。

2 高等教育の制度設計―構造の多元化への試み―

戦後の高等教育政策の中で、今日まで一貫してその中心的な課題であり続けたのが、この制度設計のうち、特に高等教育全体の構造設計の問題である。新制大学発足後一〇年を経てその全般的な見直しを行った三八答申では、新制大学の機能不全の原因は、「歴史と伝統を持つ各種の高等教育機関を急速かつ一律に、同じ目的・性格を付与された新制大学に切り替えたこと」にあり、これへの対策として高等教育機関の目的・性格に応じた種別化が必要だとし、五つの種別を提案した。この問題は新制大学制度のもっとも基本的な問題として、その後も審議会等における高等教育の全般的な見直しの都度さまざまな提言が行われてきたが、とくに中心的な課題であった「研究的な大学とその他の大学の区別」という問題についての見方の変化を辿ってみたい。

三八答申：この答申では、大学院大学、大学、短期大学、高等専門学校、芸術大学の五つの種別を提言しているが、このうち短期大学制度の恒久化と高等専門学校制度の創設とは、それぞれ個別の問題としてすでに進められてきたことであり、芸術大学は特定分野の問題である。したがって高等教育の構造の問題としての中心課題は大学院大学と大学との種別化であった。

ところが、この種別化を具体的にどのような方策を講じて実現するかについて、私学についてはおよそ現実感を持った議論はされていなかったように思われるのである。

国立については、大学院大学（総合大学を原則とし、すべての学部に博士課程をおく）と大学（高い専門職業教育、博士課程はおかない）という区別は全く新しい問題なのではなく、すでに実態としてある区別を制度化するという問題であり、私学の場合と問題の性格に大きな違いがあった。国立のいわゆる旧制大学は新制大学に移行後も講座制を温存し、いわゆる新設大学とは予算上の大きな差別があり、この差別は昭和三一年の大学設置基準の制定によって、講座制・学科目制として法令上の根拠を得た。また当時国立の新設大学への博士課程の設置は認められていなかった。三八答申の提案はこの実態を大学の種別として制度化しようとしたのである。一方、私学については講座制・学科目制という区別は明確にされていなかったし、新設大学への博士課程の設置もすでにある程度認められていた。

つまり、「大学院大学と大学」という区別は実態として存在しなかった。「実態」という手がかりもなく、どのようにして私学に新たな種別化を実現しようと考えたのか、中教審の議論は主に国立が念頭にあったと思われ、私学に関しては対応の曖昧さと非現実性を感じざるを得ない。

四六答申：この答申では、高等教育の大衆化と学術研究の高度化の要請に応えるためには高等教育機関の目的・性格による役割分担が必要だとし、三八答申の「大学院大学と大学」という種別化に代えて、大学、大学院（修士課程）、研究院（博士課程）という種別化を提言した。三八答申が旧設・新設による実態的な区別を拠り所としたのに比べ、より理論的・合理的であり、それだけに実現性からはより遠ざかった感がある。

しかし、この答申では種別化の提言と同時に、種別化実現への方策として、大学の自主的な改革努力による種別の明確化を可能にするような大学設置基準の弾力化と、改革努力への指針となるべき高等教育計画の策定を提言している。さらに高等教育政策への私学の参加を求めうるように、一定の国の政策への協力を条件とする一種の契約的な考え方による私学助成を提言している。政策目標とともに実現へのプロセスを私学への対応を含めてトータルにまとめた提言であり、理論的な完成度の高い答申であった。しかし結局は、種別化も新しい契約的な助成方式も現実的な政策課題としてフォローされることなく、その後は設置基準の弾力化と高等教育計画だけが具体化に向かうことになる。

臨教審答申から大学審議会「二一世紀の大学像」答申へ：臨教審の審議には新保守主義の立場からの自由化論の影響が強く、法的規制の強化を予想させる「種別化」は影を潜め、内容的な個性化、多様化が主流となった。多様化論議はハードなものからソフトなものへと転換した。高等教育の大衆化と高度化の要請という二律背反的な課題の重要性と困難性は、高等教育の国際化の進展もあり益々大きくなったが、臨教審の答申を受け止めた大学審議会でもこの問題への対応は曖昧だったと言わざるを得ない。

「二一世紀の大学像」答申では、大学の個性化・多様化の例示として「最先端の研究を志向する大学、学部中心の大学、大学院中心の大学」等を挙げているが、これは単なる個別大学の問題ではなく、大学の性格による類型というべきものである。これを個々の大学の多様化、個性化の問題として扱っているのは、高等教育の構造的な多元化の必要を意識しつつも、強いてその問題に言及することを避けているようにも思えるのである。

中教審「我が国の高等教育の将来像」（平成一六年末中間報告）：中長期的観点から高等教育のグランドデザイ

ンを描いた中教審大学分科会の審議結果が中間報告として昨年末公表された。ここでは大学の機能として、（１）世界的研究・教育拠点、（２）高度専門職業人養成、（３）幅広い職業人養成など七項目を例示し、各大学は自主的にそのいくつかを選択し、その結果が各大学の個性・特色になる、としている。この考え方によれば、大学の個性・特色は常に可変的であり固定的な類型による構造化は生まれない。どのように多様化された高等教育の全体像を目標とするのか、また「政策的誘導」の目標と手段は何なのか、「機能別分化」によって現状をどう変えようとしているのか、いずれも不分明なことが多い。

多様化論議の行方：三八答申以来の多様化論は制度論を放棄し教育内容論に変質しつつも、なお柔らかい類型による多元的な構造へのこだわりを持っていたように見える。大衆化と高度化という高等教育への要請の二面性に対して、個々の大学の自主的な個性化だけでは有効な回答にはならず、構造の多元化による何らかの役割分担が必要であることは誰でもが感じていることなのであろう。にもかかわらずこの問題は具体的な政策手段を持てないままに曖昧にされているように見える。高等教育の過半を占める私学と行政との間に、私学政策への責任を共有できるような新しい関係が生まれない限り、多様化論議のこれ以上の進展は望めないのではないだろうか。

３　需給の調整

高等教育機関の規模・配置：私学高等教育政策を支える二つの柱が設置認可制度と私学助成制度である。設置認可制度には、質的水準の確保と大学の規模・配置の調整の二つの機能がある。前者の目的のためには基準適合性が判断基準になるから、認可は行政庁に裁量の余地のない羈束行為と解することができるが、需給調整の目的を持つとすれば必要性の判断が要るから裁量行為と見なければならない。

戦後、学校教育法と私立学校法によって新しい設置認可制度ができたが、この認可が裁量行為か羈束行為かについては当初から解釈が分かれていた。私学の自主性を尊重する立場から現在では行政庁に裁量の自由のない羈束行為であるとする説が有力ではあるが、私学行政の最大のツールである設置認可制度の性格に関する解釈の不安定性は、私学高等教育政策の不安定性に繋がる面もあったと思われる。

現在ではほぼ通説であろうと思われる羈束行為説に立てば、高等教育の規模・配置に関する計画というものは成り立つ根拠を失い、絵に描いた餅にしかならない。これに実効性を持たすための一つの道として、四六答申では、政策への協力を条件とする契約的な私学助成制度に移行することによって、政府と私学との新しい関係を築くことを提言した。もう一つの道は、昭和五〇年の私学振興助成法制定の際に私立学校法附則を改正し、五年の時限措置として設置認可を裁量行為に転換したごとく、法的な措置をとることである。四六答申後、新しい助成制度への政策的努力は行われなかったし、第二の道については、この時限措置を延長する試みがあったが実現しなかった。規制改革、市場主義が幅を利かす現状では難問ではあるが、第三の道はないのだろうか。

「我が国の高等教育の将来像（中間報告）」では、これからは計画策定の時代ではなく「将来像の提示と政策誘導」の時代だとしている。一方で、「大都市部における過当競争や地域間格差の拡大」に憂慮を示しながら、また法科大学院の過剰供給が法曹養成制度の改革の根底を覆しそうな事態を招いているのを見ながら、なぜ国の政策は「一元的な調整」から身を引き、「情報提供」程度にとどめようとするのだろうか。

４　質的水準の維持

設置認可制度の簡素化・認証評価システム・私学への段階的是正措置：この質的水準維持のための一連の制度改正は、総合規制改革会議の結論を殆どそのまま受け入れて、教育界における十分な議論を経る暇もなく性急に実施に移された。そこに流れる理念は規制改革、市場原理、競争原理、効率性など構造改革の理念であって高等教育政策の理念はあまり省みられなかったとしか思えず、その結果は今後の私学高等教育政策の運営に多くの問題を残した。

設置認可制度の大幅な簡素化は設置認可の性格や役割についての十分な議論なしに規制改革に偏った視点で進められてきたように思われる。そのことが、新しい評価システムの準備も整わないうちに設置認可の簡素化だけが先行するという結果を招き、大学の質の保証に対する不安の声が高まっている。「我が国の高等教育の将来像（中間報告）」が、改めて質の保証のための設置認可の重要性を説いているのも今更の感を免れない。

質の保証のための制度として設置認可とセットになるべき事後の評価システムとしては、これまでアメリカのアクレディテーションをモデルとした自主的な第三者評価制度が検討されてきたが、平成一五年の学校教育法改正によって俄かに国公立、私立の区別なく、政府による認証制度の下に組み入れられることとなった。

またこの改正法によって、法令違反があった場合、公私立大学についても、国立と同様に、改善勧告、変更命令、廃止命令などの是正措置を段階的に取れるようになった。ここでは、法人化したとはいえ、依然として維持・管理については国が責任を負っている国立大学と自主性を生命とする私立大学とを殆ど区別していない。これらの措置は総合規制改革会議の答申を下敷きにしているが、そこに伺える理念は行政改革的な「効率性」で一貫しており、私学の自主性の理念への理解は全く見られない。「政府と私学との関係」という私学高等教育政策のもっとも基本とする重要な問題が、その本来的な観点からではなく、規制改革という一面からの見方だけで大転換を強いられている。私学の自主性の理念は本筋を見失って全く不透明になった。

今の内閣の構造改革の路線は国民の一人として大いに支持したい。しかし個別の分野で深刻な理念の対立・抵触が生ずることは避け得ないことであり、相互の理念を理解しあった上での真剣な調整の努力が必要であろう。外部からの一方的な理念の押し付けによって大学改革の流れがゆがめられることは残念なことであるが、問題はそれだけではなく、私学高等教育政策の理念の薄弱さ、行政の私学へのスタンスの曖昧さにもそれを許した原因があることを省みる必要があるのではないだろうか。

第2節　大学改革と財政政策

1　戦略なき高等教育財政―「量」の成功と「質」の失敗―

（1）なぜ増えない高等教育予算

二〇年度予算においても私大の期待は実らず、私大経常費助成は、昨年度に引き続き前年度一％減に終わった。教育基本法に私学振興が謳われ、グローバルに進行する知識社会化の中で大学への期待が声高に語られるにもかかわらず、高等教育の八割近くを占める私大への助成は減少を続けている。国立大学の運営交付金も、効率化係数マイナス一％を含み、計二％の減であった。高等教育への予算は、政治でも世論でも、理念的な支持は得られても、コップの中の競争で他を押しのけるだけの力を持ち得ないのは何故か。一つには、教育は「百年の計」である上に、その費用効果は客観的、数値的に把握しにくいということがあるだろう。とくに私大への公費支援の根拠とされる教育のもたらす社会的利益（外部効果）をデータとして示すことは難しい。示し得たとしても、広く国民に訴えるような感覚的な説得力は持ちにくいだろう。こうしたデータとしての説明の難しさを補えるのは、歴史的比較、国際的比較など大局的な見方としての比較の視点だと思う。

例えばこういう見方がある。日本は明治期以来貧しい国家経済の中で教育には驚くべき努力をしてきた国である。結果として先進各国に比べて、所得水準では後進国でありながら、教育の普及率では先進国であった。そのことがその後の日本の高度成長をもたらしたというのが一般的な理解であろう。教育が最も効率的な将来への投資であることを示す歴史の事実である。ところが、高度成長を果たした今、逆に教育投資を軽視していることをどう考えるか、というのは歴史的な比較による一つの問題提起である。また、私学振興助成法制定以来の私学政策の漂流ぶりと助成法の精神の経年的な空洞化を問題とすることも時系列的な比較手法の一つだろう。

もう一つの国際比較は、グローバル化の急激な進展の中で何事につけ国際比較の視点が重視されている折から、より説得的かも知れない。現に最近は高等教育財政に関してOECDの調査が盛んに引用されている。この点について少し述べて見たい。

（2）OECDの見た日本の高等教育

既に四〇年前のことになるが、OECDの教育調査団が来日し、日本の教育の現状を調査、分析して改革の提言をまとめた報告書（注1）がある。調査団のメンバーは、フォール元仏首相、ライシャワー元駐日米大使、ドーア英サセックス大学教授など五人の国際的に著名な識者、研究者であり、また、当時は中教審の四六答申が大詰めの審議中であったこともあって、大学の改革論議に大きなインパクトを与えた。この報告書は、日本の高等教育に対する核心をついた観察と提言によって、その後もわが国の高等教育改革に様々な影響を与え続けてきたと言えよう。

この調査は日本の教育段階のすべてを対象とするものであったが、報告書の内容は大半が高等教育に関することであった。この点について報告書では「われわれは自分たちの国にくらべて、初・中等段階での日本の成果がいかに大きいかに深く印象づけられた。」「とりわけ初・中等教育についていえば、日本の人々に役に立つようなことをこちらから指摘したり、示唆するよりも、むしろわれわれ自身の方が学ぶべき立場におかれているのではないかというのが、調査団の一般的な意見であった。」と率直に述べている。四〇年前の当時、すでに外国の研究者の目にも、日本の教育の大きな改革課題は高等教育にありと写っていたのである。

調査団の問題意識の要点は、日本の高等教育の鋭く尖ったピラミッド構造と、その一元的で硬直的な性質にある。そのような高等教育の構造的な欠陥は、高等教育財政のあり方と密接な関連がある。報告書が問題としてまず第一に取り上げたのは高等教育財政のあり方であった。いわく「日本の場合、高等教育に対する不満の大部分は、その投資の不足に原因がある。」とし、「日本の高等教育への投資はきわだって低い。絶対額で見ても、一人当たり国民所得に対する比率で見ても、それは他国の水準を大きく下回っている。しかもこの格差は、過去の教育投資を在籍率の伸びと比較したとき、さらに際立った形であらわれてくる。在籍率の伸びが「量的拡充」を、学生一人当たりの経費の増加が「質的拡充」を示すものとすれば、日本では一九三五年から一九六五年の間は、量的拡充だけしかみられない。他方、イギリスと西ドイツは質的拡充のみを、またアメリカは質・量両面の拡充（ただし近年は主として量的拡充）を実現してきた。」としている。また、高等教育への投資については、額を増やすだけではなく、配分を変えることも必要だとし、「投資配分の最大の誤りは、主として、私立大学よりも国立大学に重きをおいている点にある。」と指摘している。

その後大学の改革は、自由化、弾力化の方向で著しく進展した。しかし、固定化された鋭いピラミッド構造、学生の費用負担と受益における国立と私立の大きな格差など、調査団の指摘した基本的かつ構造的な欠陥は、四〇年後の現在も依然として変らない。このことは、基本問題の改革に道をつけるような財政措置の確立をネグレクトしてきたことと無縁ではない。最近しばしば引用されていることであるが、ＯＥＣＤの調査「高等教育機関に対する公財政支出の対ＧＤＰ比のＯＥＣＤ各国比較（二〇〇四年）」によると、日本の対ＧＤＰ比は各国平均の半分の〇・五％であり、加盟国中最低の水準である。日本の高等教育への国際的な評価の低さを自覚しながらも、国としての財政的な努力不足が依然として続いていることを国際社会に晒しているわけである。

また、国立大学の運営交付金総額（一七年度決算）は一兆一一三〇億であるのに対し、学生数で四分の三を擁する私立大学等の経常費補助金（一七年度交付実績）は三三三九億にすぎない。私学の学生は、国立の一・六倍の学費負担をしながら、国からは国立よりはるかに少ない支援を受けているという非合理な格差も依然として変わることがない。

（３）戦略的投資のない高等教育政策が残したもの

戦後の新しい高等教育システムの整備は、大きな財政投資はしないということを最高の命題としてきたようにさえ思える。終戦後の国家経済破綻の時代はともかくとして、その後の経済の高揚期を通じても、これは変わらなかったのではないだろうか。このことは高等教育の整備に国家戦略的な高い位置づけを与えられたことが戦後かつてなかったことを意味する。このことは、今日の日本の高等教育に二つの大きな欠陥を残した。

一つは、新制大学がその本来の教育理念を実質化することなくして量的発展を続けたことが、深刻な教育の質の低下を招いたことである。戦後の学制改革による新しい大学制度の理念の多くは、必要な資源を欠いたままに、形骸化し、実質化されることがなかった。単位制度を象徴とする新しい学部教育は、授業方法、教材等の開発、授業支援体制や学習環境の整備などが伴わなければならなかったし、課程制となった大学院は、組織的なカリキュラムの編成と実施を可能にするような教育指導体制と環境の整備が不可欠な筈であった。戦前の教育体制を引き継いできただけの新制大学に取って、これは膨大な資源投入を要する大仕事である。

学制改革後半世紀を越えた今になって、単位制の実質化、大学院の課程制の実質化ということが改めて重要な改革課題として提起されているが、財政を伴わない改革理念は空洞化するという教訓は生かされるだろうか。このための予算としてGP予算等の競争的経費があげられるが、これは政策的な誘導策であって、必要な財源投入ではない。政治家や財界人からは、もっと大学の国際競争力をという声は上がっても、教育の質向上のために公費支援の充実をという声は弱い。大学は公費支援を増やすことより、厳しい「競争と評価」によって経営の効率化を進めることが先決だとする声ばかりが高い。欧米諸国が、知識基盤社会における国家経済発展への国家戦略として、知の拠点たる大学への資源投入の強化に努めている時、日本のみが逆方向を向いて、公的支援の縮減と大学のバッシングに専念しているように見える。資源の投入なしに各大学、教員の努力によって改革を進めようとする竹ヤリ精神の実態は基本的に変化がない。

もう一つは、国立大学を中核として政策を遂行するという戦前の高等教育行政の姿が、暗黙のうちに戦後にも引き継がれ、国費支援における国・私の大きな較差が、解決の糸口も見つからないままに固定化されていることである。私立の学生が全体の四分の三を占めるようになったいま、この非合理は高等教育全体を覆う問題になってしまった。国際的に見て極めて低い水準の公的投資によって、高等教育の高い普及率を可能にしているものは、高等教育の大半を占める私立の学生に押し付けられたこの非合理な格差に他ならない。

日本の高等教育は、少ない資源で「量」の課題に応えることには成功したが、「質」の課題には失敗した。国家戦略として「質」の国際的通用性を確保しようとするならば、「低水準の公的投資」と「大きな国私の格差」という二つの問題への真剣な対応を避けては通れないだろう。

2 私学ファンディングの構造を考える―ファンディングの多様化と構造の変化―

(1) ファンディングの多様化と構造変化の経緯

平成一七年一月の中教審答申「わが国の高等教育の将来像」が、「多元的できめ細やかなファンディング・システム」という考え方を打ちだして以来、高等教育の議論の中でファンディング・システムという言葉が定着してきたようだ。近年、大学への公的支援の形が多様化してきたこともあって、これらをトータルに構造化し、システムとして全体の整合性を持たせようとする視点が重視されてくるのは自然なことであり、公的支援のあり方を議論するためには不可欠な視点であろう。

前記の答申では、多元的で決め細やかなファンディングの構築のためには、「機関補助と個人補助の適切なバランス」「基盤的経費助成と競争的資源配分の有効な組み合わせ」が必要だとしており、この二つを、ファンディング・システムを考える上での基本的な視点として提示しているようである。しかし、機関補助と個人補助とは、一定の総額の中での両者のバランスという視点で考えるべきものかどうか、基盤的経費と競争的資源という対比でその組み合わせを考えることが適切かどうか。議論の前提として示されているこの二つの視点にも、なお、いろいろな問題があるように思われる。

ここではまず、大学への公的支援の多様化の経緯を辿り、それぞれの経費の性格を考えたうえで、ファンディング・システムの議論の前提となる視点のあり方について論じてみたい。

①　一般補助のプロジェクト補助化

高等教育への公費の多様化は、一貫して、使途の自由度が高い基盤的な経費から特定の目的を持ったプロジェクト経費へという方向である。その第一期というべき八〇年代からの動きは私学助成の中での問題であり、一般助成からプロジェクト助成である特別助成へと重点が移っていった。第二期というべき九〇年代後半からは、国立、私立ともに基盤的経費が抑制され、国公私を通じ機関を対象として競争的に配分されるプロジェクト経費（競争的経費配分）に重点が置かれるようになった。

私学助成が始まった七〇年代当初の頃の高等教育への国費支出は、国立学校特別会計の経費と私学への経常費補助（一般補助）という設置者別の基盤的経費があり、個人補助として科学研究費補助金と育英奨学金がある、という大きな枠組みが基本であった。国立大学への特別会計からの経費は、国の設置者としての維持管理責任に基づく支出であって、国立大学の設置運営に要する全経費であり、私学に対する補助金とは目的・性格において全く異なるものであるから、この両者を一つのシステムとして一体的に捉えることに特別な意味はなく、そのような発想がなかったことも当然と言えよう。科学研究費補助金と育英奨学金は、それぞれ独自の政策目的を持つものであり、量的にも設置者別の基盤的経費とのバランスを問題にするほどの大きさを持たなかった。

その後、このようなファンディングの基本的な枠組みの中で、私学助成は私学振興助成法の制定により法的な基盤を得て順調に発展したが、八〇年代に入って大きな転換期を迎える。日本の高度成長期も終わりを告げ、八〇年代にはいわゆる第二臨調を中核として行政改革が強力に進められ、高等教育政策もその影響を強くうけることとなった。この臨調の答申（一九八二年）によって、国立大学については、新増設等を抑制するとともに、授業料は私大との均衡等を考慮し順次適正化をすすめることとされた。また、私学助成については、当面、経常費補助の総額を抑制し、個別の教育研究プロジェクトに対する補助を重視することとされた。更にその翌年には、私学行政に関する行政管理庁による行政監察が行われ、その報告書(注2)では、学校法人の経営の改善、私大の教育研究条件の改善、学納金上昇の鎮静化など経常費助成の効果が認められるとし、今日の国の財政事情を考慮し、経常費助成については、当分の間、総額を抑制し、そのあり方を見直すことを提言した。また、国民の中には、私学の教員の給与水準が国立を上回ってきたことや、学校法人の基金としての内部蓄積が増えてきたことなどに疑問を持つ向きもあった。このような状況の中で、私学振興助成法の制定以来順調に伸びてきた経常費助成は、一九八一年の補助率二九・七％をピークにして、一転停滞を続けることになった。同時に、プロジェクト補助重視の方向に沿うものとして、経常費助成の中の特別補助を活用し、これを設置者別のプロジェクト補助として、以後、逐年そのシェアーを大きくしてきた。これは、経常費助成の枠内ではあっても、使途を特定されたプロジェクト補助であるから、使途を特定せず私学の自主性に委ねている一般補助とは性格が異なるものとして別に扱うべきであり、補助金の多様化の端緒となった。

②　基盤的経費から競争的経費へ（多様化の第二期）
—設置者別のないプロジェクト経費の誕生—

臨調行革の一部として始まっていた規制緩和政策は、バブル崩壊後の経済構造改革の一環として、九〇年代後半に入って本格化し、高等教育政策も全面的にその影響を受けるようになった。平成一四年六月に閣議決定された「経済財政運営と構造改革に関する基本方針（骨太方針）」では「文部科学省は、研究は競争的環境を原則として、強化する。教育については、適正な受益者負担を求めつつ、大学への補助を一層重点的・競争的なものとするとともに、奨学金を充実する。」とされた。さらに、平成一六年の骨太方針では、「高等教育の質的向上を図るため、機関に対する既存の支援策のあり方を見直し、国立大学法人間、国公私立を通じた競争原理に基づく支援へのシフトを促進するとともに、奨学金制度による意欲・能力のある個人に対する支援を一層推進する。」としていた。こうして、大学は、アカデミズムと自主・自立の世界から、市場主義を基盤とする「競争と評価」の激しい流れの中に投じられることになり、高等教育への公費支出についても、競争政策を重視する立場から新しいファンディングの形が創出された。これが「国公私を通じた競争的経費支援」と言われているものであり、各大学の個性に応じて政策的な課題に対応するよう、国公私の別なく評価に基づいて選定され、競争的に配分される経費として重視されるようになった。

この国公私を通ずる競争的経費の第一号として大きな話題となったのが、平成一四年度から始まった「二一世紀COEプログラム」である。これは文部科学省が構造改革の波を受け止めるべく平成一三年六月の経済財政諮問会議に提出した「大学（国立大学）の構造改革の基本方針」の中で打ち出されていた。この基本方針にある三本の柱の一つは「大学に第三者評価による競争原理を導入する」であるが、その中に「国・公・私『トップ三〇』を世界最高水準に育成する」と書かれている。この『トップ三〇』という言葉が、特定大学を固定的にランク付けするかのように誤解されるということから、後に「二一世紀COEプログラム」と改められたが、これが高等教育のファンディングへ「競争と評価」の原理を導入する先駆けとなった。

その後、この競争的経費は、世界的な教育研究の拠点形成、教育の質の向上、大学院教育の改革、国際化の推進、産学連携その他多方面の政策課題に対応して多様な予算項目が設けられ、二〇年度予算では総額六八〇億に達している。

八〇年代の行革の流れの中では、補助金の効率化の観点から、使途を特定したプロジェクト助成を重視する政策が採られ、経常費助成の中でプロジェクト助成としての特別助成が年々大きくなり、私学へのファンディング・システムの一要素として成長したが、機関補助は設置者別とする原則に変化は無かった。ところが、九〇年代の構造改革の流の中では、この原則が破られ、「国公私を通ずる競争的経費」という全く新しいタイプのファンディングが現われ、時代を反映する競争政策の落とし子として、年々拡大されることとなった。その背景には、国立大学が法人化するという高等教育の設置者別の大きな構造変化があったことも影響して、国公私という設置者の別の意味について観念的な揺らぎが生じたということがあるのかもしれない。

③　個人補助の拡大

育英奨学金や科学研究費のように政府が直接個人を選定し配布する経費は、機関に配布される基盤的経費に較べて補助の効果を把握し易いし、国民に対する説明責任も果たしやすい。また、構造改革、規制改革推進論からすれば、市場主義に基づいて消費者の選択を重視する立場から、機関補助より個人補助のメリットを重く見ることになる。前記の骨太方針でも、その後の一七年度、一八年度の骨太方針でも、この様な思想から、大学教育に対する支援としては、機関補助の見直しと同時に、個人補助としての奨学金の拡充を支持する立場が示されてきた。しかし、個別大学の判断で奨学や学費軽減のきめ細かい支援をすることや、大学の独自の方針に基づいて教員の研究支援をすることも大学独自の個性に基づく政策として大事であり、そのための国費支援も不可欠である。そのバランスをどのように保つかという問題を考える必要がある。現状を言えば、学内の学費支援や研究支援の原資になるべき基盤的経費は、これまで見てきたように、抑制ないしは縮減の方向であり、反面で育英奨学金や科学研究費は毎年増額を続けてきた。育英奨学金については、新たに有利子貸与（第二種）が設けられた一九八四年に一〇一〇億であったのが、平成二〇年度予算では九三〇五億になり、科学研究費については、同じ年の一九八四年に四〇五億であったのが二〇年度予算では一九三二億になって、いずれもファンディング・システムの大きな要素となっている。

補助金の効率化とアカウンタビリティーが強く求められる時代になって、直接的な個人補助が優先的に扱われてきたのは理由のあることである。特に、高等教育のユニバーサル化と機会均等を目指すのであれば、給付基準の平等を保つためには、国の奨学事業が主体的な役割を果たす必要がある。しかし、学費支援にしても、研究支援にしても、大学の個性的な発展を支えるためには、大学独自の政策のための自主財源となるべき基盤的経費の縮減によって、大学の独創と個性が圧殺され、国の政策に一元化されることがあってはならないだろう。

（2）ファンディングの構造変化に含まれる問題点

このように多様化してきたファンディングの構造的変化として、とくに注目すべき問題が二つあると思われる。一つは、私学助成について、基盤的経費助成である一般助成からプロジェクト助成（特別助成と国公私を通ずる競争的経費支援）へという方向が、既に三〇年に亘って続いていることであり、もう一つは「国公私を通ずる競争的経費支援」というファンディングの新種が生まれ、競争政策の時流に乗って年々その存在感を増していることである。この新種の経費支援の形には、高等教育政策のあり方としていくつかの問題が含まれている。

①　プロジェクト補助化と私学の自主性

特別補助については、これが一般補助とともに経常費助成の枠内に位置づけられているために、基盤的経費という場合、特別補助もこれに含められるようであるが、補助金の性格を問題にする以上それは適切ではない。ここでは使途を特定しない一般補助のみを基盤的経費補助とし、特別補助はプロジェクト補助として、これと区別したい。

一般補助を抑制し、特別補助を伸ばすという方向は、前記の臨調答申がプロジェクト補助の重視を打ちだして以来三〇年を超えて一貫して続いており、既に総額一一一三億（平成二〇年度予算案）となり、経常費助成の三四・三％に達している。更に二〇〇二年度からは新種のプロジェクト経費である「国公私を通ずる競争的経費支援」が始まり、毎年増額されているから、その私大への配布分を合わせれば、私大へのプロジェクト補助の総額は、一般補助と比肩しうるほどになっているかもしれない。このあたりで一般補助とプロジェクト補助のバランスはどうあるべきかを真剣に議論しておく必要があろう。

一般補助は使途を特定しない補助金として私学の自主性の理念にそった補助方式である。一方、プロジェクト経費である特別補助や「競争的経費」は、政策実現のために申請に基づいて政府が評価し選定して配分するものであり、政策誘導的な公費支援である。こうしたプロジェクト補助が過大になれば、私学に対する政府コントロールの過剰を招き、私学の存在意義である自主性の理念を損なうことになる。したがって、私学助成はあくまで一般助成を基本としつつ、プロジェクト補助は政策への理解とその普及を促すために必要な最小限に止めるべきであり、その意味では現状は既にあるべき限界を超えようとしているのではないだろうか。

②　「国公私を通ずる競争的経費支援」の持つ意味

・国立と私立の違いはどこにあるか

基盤的経費に対比して一口に「競争的経費」と呼ばれている予算項目の正式な名称は、「国公私立大学を通じた大学教育改革の支援の充実」である。平成一四年に一八二億のＣＯＥ予算で始まったこの経費は、その後逐年拡大し、二〇年度予算では六八〇億にまで成長した。国立大学の法人化以前は、国立大学の予算は全て国立学校特別会計に一括されていたから、このような国公私を通じた予算という仕組みは考えられなかった。法人化によって可能になった新構想の予算である。

国公私を通ずる競争的経費の配分に当たっては、国は設置者の別に関係なく、各大学から自由な申請を受け競争的に配分する。国が管理の責任と権限を持つ国立大学と自主性を生命とする私立大学のとの違いはそこには無い。しかし、国が国立にも私立にも同じスタンスで対応するのであれば、国立の存在理由は失われざるを得ない。規制改革論の中には、国立大学の法人化を「民営化」と同じような意味に受け止めようとする論もあるかもしれない。しかし税金に依存する国立大学は、国の政策実現に私立とは違う特別な責任を負っていると考えるのが、国民一般の理解だと思う。国立に対すると私立に対するとでは、国の政策的スタンスは違わなければならない。

例を挙げるならば、国際的な拠点大学をどのように形成してゆくかについて、国立であれば、どのような方針でこれを選定するかは設置者である国の責任で国民に示されるべきであり、国公私入れ混じって競争の結果として決まるというのは無責任でもあり、国立大学としての説明責任を果たすことにもならない。設置者として国立に対するのと一般行政として私学に対するのとでは政策の手法が異なるし、予算の性格も異なるはずである。したがって、機関補助は設置者別を本則とすべきであり、「国公私を通ずる」ものとしたことは、規制改革論的な競争政策を無理に取り入れた誤りがあるのではないかと思う。

・競争条件の不平等 ―イコールフッティング論について―

国公私を通ずる競争的経費支援は、もう一つ大きな問題を持っている。国私に対する公費支援の大きな較差がある以上、この競争は公正な競争とは言えない、資源配分に競争原理を活用するなら、まず、競争条件の平等化を図るべきである、というのがイコールフッティング論である。競争政策が表面に出るにしたがって、このイコールフッティング論が高まってくるのは当然であろう。しかし、法人化が実現しても、国立は国立であって、国が維持・管理の責任を持つことに変わりはない以上、公費支出に関して国立と私立が同じ扱いになるということは考えにくい。そうかと言って、国立を廃止しすべて民営化することに国民のコンセンサスが得られるとも思われない。そこで、せめて国私の格差を緩和しようというフェアーフッティング論が出されているが、何を持ってフェアーというか論拠を得ることは難しい。イコールフッティング論は壁に突き当たった感があるが、この永年放置されてきた格差の非合理は、「競争と評価」の厳しい環境の中にあって、何らの対応もせずには済まない段階にきているのではないだろうか。

この問題については、私学側から幾度か提案、要望が出されているが、最近では私学団体の側から、私学への経常費助成は現在の三倍の九千億に拡充すべきだとの主張が表明されている。九千億という額は、次のような計算上の根拠に基づいている。

国立の運営交付金一兆二千億×１／２（運営交付金のうちの教育費分）＝六千億

六千億×三倍（国立・私立の学生数比）＝一兆八千億

一兆八千億×１／２（国の負担割合）＝九千億

二分の一負担という私学振興助成法の精神を踏まえたこのような考えを土台にして、長期的な解決策を真剣に検討してゆく状況が生まれるよう努力を続ける必要がある。

3　高等教育ファンディングの課題

わが国の高等教育が、国民の教育の機会均等と国際的通用性のある質を保証していくためには、高等教育ファンディングのあり方に国家戦略的な視点からの改革を加えなければならない。これまで見てきたところを総括すれば、要点は三つある。一つは、高等教育費における私費負担の割合が著しく高く、公費負担割合が際立って少ないという、国際的にも特異なファンディングの構造を改めるべく、公費負担を抜本的に増やすことである。二つには、前記と連動することであるが、公費負担における国私の非合理な格差を是正することである。三つには、高等教育の構造を整え、大学の機能別の役割分担を明確にすることである。公費負担を増やすということは、国民の支持を得ずしては出来ないことである。そのためには無秩序に多様化し、ボーダレスに拡大した高等教育の姿を分かり易く構造化し、公費支出の目的と効果を明確に説明できるようにしなければならない。

高等教育のファンディングは、高等教育政策の裏づけであり、政策と一体の関係にある。多様化したファンディングを体系化し、システムとしての構造を明確にすることはこれからの課題であるが、そのためには、高等教育システム全体のデザインの議論と併せて、高等教育に対する政府の責任、大学と行政の関係のあり方などについても、これからの時代に相応しいそのあり方について、改めて考究していく必要があろう。新しい教育基本法に基づいて、教育振興基本計画策定の検討が進行している重要な時期でもあり、これらの点についての今後の議論の進展を期待したい。

注（1）OECD, Reviews of National Policies for Education: JAPAN

（2）行政管理庁行政監察局編『私学経営の現状と問題点』昭和五八年八月三一日発行

第3節　私学振興の課題と展望―「競争」から「競争と協働の調和」へ

1　中間団体の役割

大学が個性と主体性を持って発展を遂げて行くためには大学間の競争的環境の整備が重要と強調されてきたが、最近では、より大事なことは、競争と同時に、大学間の連携協力の関係を構築することだといわれるようになってきた。キーワードは競争的環境だけではなく、競争と連携協力との調和である。

今日の大学と社会あるいは行政との関係には、個々の大学だけでは対応しがたい複雑な課題がますます多くなってきており、大学団体、学協会、コンソーシアムなどのいわゆる中間組織には大学支援組織としての役割が強く期待されるようになってきている。大学教育の質的転換をはじめ、私学振興の課題に対応し、私学の将来を展望するためには、これら大学支援団体の現状とその在り方を理解することが不可欠になっている。ここでは、私学振興方策を論ずる前提として、大学支援組織の現状の整理を試みたい。

2　大学支援組織の多様な位置づけ

私学振興に関わる「大学支援組織」に当たるものはかなり多様であり、これを論ずる前に若干の整理が必要なように思う。まずは大ざっぱに、行政サイドの発想から生まれ、基本的に行政のガバナンスのもとで運営されているものと、大学サイドの発想から生まれ、大学ないし大学人の協働によって運営されているものとに分けることができよう。

この前者としては、公的資金の配分機関がある。日本学術振興会、日本私立学校振興・共済事業団、日本学生支援機構などである。また、大学入試センターや大学評価・学位授与機構は特定事業の支援機関とでも言うべきだろうか。これらは行政の組織とは分離しているが、行政のガバナンスの下にあって大学の教育研究に密接した支援事業を行なうため、大学の自主性を尊重し、行政による恣意的運営を抑制する観点から、役員の選任、業務計画の策定等に大学側の意向を反映させるような仕組みを備えている。しかし、この「仕組み」自体は行政の側の裁量に委ねられているのが一般で、諸外国の同種の組織と較べて大学の側が組織的に関与することは少ないと思われる。

後者としては、包括的な大学団体があり、これは設置者別が基本になっている。私学関係では日本私立大学協会、日本私立大学連盟の二団体があり、上部団体として日本私立大学団体連合会を構成している。医・歯・薬では分野別の私学団体がある。このほか、第三者評価機関として、大学基準協会、日本高等教育評価機構、短期大学基準協会があり、また、分野別の評価機関も未だ少ないながら整えられつつある。これらは、自主的に設立された団体であり、その限りでは行政からの統制はなく自主性を保っている。しかし評価機関については、認証評価の事業に関する限り文部科学省の認証を受けなければならず、その面では行政の統制のもとにあり、行政寄りの性格を持つ。

私学八割の時代になり、かつ大学教育のユニバーサル化、グローバル化に伴う私学の改革課題が山積する今日、曖昧化している私学政策の枠組みを構築し直すことが急務であり、これら私学が自主的に組織した団体については、今日的な「私学の自主性」の理念を基盤に置きつつ、その果たすべき役割についても再検討すべき課題が多いように思われる。

以上を総論として、課題である私学振興にかかわる団体・組織の役割について考えてみたい。

3　私学政策の枠組みの曖昧化

まず、私学に関する高等教育政策は誰がどのようにして担ってきたかを、大掴みに整理してみよう。この場合の「高等教育政策」とは何かであるが、ひとまず「国民のニーズに応えるべく高等教育の質と量を整えること」としておこう。このうち私学に関わるものが私学政策である。

明治期以来このような意味での高等教育政策は、国により国立の学校を設置し全国的、計画的に配置することによって遂行され、私学はこのような計画性の中に含まれることはなかった。こうした国立中心の、というより〝国立による〟高等教育政策の運営は戦後の教育制度の改革により国・公・私立の公教育としての同質性が謳われたことによって、変革されなければならなかったが、国立中心の行政の意識は本質的に変わらなかったと言えよう。私立学校法によって私学が「公共性」とともに「自主性」の理念を確立したことも、結果的には行政と私学との距離を広げ、国の私学政策をいっそう見えにくいものにすることに繋がった面も、あるように思われる。こうしてわが国の高等教育の政策運営は、国立は国の政策の下で教育研究の基盤を固め、私学は国の政策よりは市場に軸足をおいて特色を活かしつつ自律的な発展を図る、という二元的な姿を続けてきた。

行政の私学に対する政策的働きかけとしては、設置審査と私学助成の二つをツールとして間接的、誘導的な統制が行われてきたが、この二つのツールも、近年その政策的な有効性を失いつつある。今世紀初頭から急激に進められた規制改革によって、大学の設置は準則主義化され、大学設置の計画的調整という機能は行政から失われることとなった。他方で、教育条件の維持向上、学生の経済的負担の軽減、私学経営の健全化の三つの目標を掲げて経常経費の二分の一補助を目指した私学助成は、次第に力を失い一割補助程度に低迷している。私学政策というものはその枠組みも明確な形で形成されず、政策を担うものとしての個々の大学、大学団体、行政の三者の役割分担も不分明のままに、必要な行政のツールさえも失われそうな形である。

それなら市場は政策に代わって必要な調整機能を果たしているだろうか。現実に政策不在の下で顕在化しているのは、教育に対する公費支援の説明不可能な国・私間の格差と大学の規模、配置の無秩序であり、さらにこれらの矛盾が引き起こす大学教育の質への不安である。この質への不安は、大学教育のユニバーサル化、グローバル化の進展とともに次第に大きくなり危機感を高めてきたが、平成二〇年の中教審答申「学士課程教育の構築」を契機として一気に浮上し、大学改革の中心的課題となった。

4　私学政策の新しい課題―質の保証

この平成二〇年の中教審答申は、大学の教育内容に正面から取り組んだ答申として画期的なものであった。進学率の上昇に伴う学生の多様化は、つとに学生の学修の質に対する不安を拡大しており、平成一七年の答申「わが国の高等教育の将来像」においても学修の質への問題意識を表面化していた。しかし、その取り上げ方は依然制度的な面が主であった。平成二〇年の答申では、〝多様性と標準性との調和〟をキーワードとして、カリキュラムと教学経営の建て直しを求めている。これは、大学の自主性への配慮から、教育の内容的な事項についての言及は抑制してきたこれまでの行政の姿勢の転換であり、姿勢を転換したからには、政策推進の手法についても新しい工夫が求められるのは必然だろう。平成二〇年の答申では、大学教育の質保証のための政策提言をするとともに、その具体化については、大学コミュニティーの連携と協働が不可欠だとし、大学と行政の中間に位置する大学団体等―包括団体、機能別・類型別の団体、評価団体、学協会等専門団体等―への強い期待を表明している。この答申のもう一つのキーワードは〝競争と協働の調和〟である。

5　私学政策の新しい枠組みの構築

大学教育の質保証が高等教育政策の新しい課題として大きく登場し、行政はこの分野への政策提言と実施の分担とを大学団体等に強く期待し、中教審答申でも幾たびかそのことを表明している。ところで「教育の質」の問題となれば、これは学士課程、短期大学士課程の教育の大半を与る私学の問題だと言ってよい。このことは、曖昧化の道を辿ってきた私学政策の枠組み——誰がどのようにして私学政策の策定と実施の責任を担うか——を、私学団体が中心となって構想し、明確にすべき時がきていることを示唆しているのではないだろうか。

私学の包括団体がいわゆる中間組織として私学政策への責任を担おうとするとき、留意すべき点が幾つかあると思う。二、三の点に触れてみたい。

（1）設置者別包括団体の機能

私学団体が私学と行政との中間に位置して、バッファーとしての役割を期待されているとすれば、国立と私立では行政に対する「自主性」の意味が全く異なることを前提に行政との関係を考える必要がある。要点は二つあり、一つは国立大学に対して国は一般監督庁であるとともに設置者でもあり、国立大学は、私立と異なり、設置者としての行政の統制を受け入れるべき立場にあることである。もう一つは、国立大学は国民の税負担によって維持されている以上、公平性・平等性からくる制約がある一方、私学は宗教教育の自由に代表される「教育の自由」の理念を持つことである。このように国立と私立では、同じく「大学の自主性」と言っても、その内容には大きな違いがあり、国立の政策と私立の政策を同じ土俵で論ずることはできない。このことは例えば分野別評価のあり方などでは一つの大きい論点になってこよう。国・公・私を含めた包括団体を必要とする声もあるようだが、その場合の扱う事項は限定的であるべきであり、包括団体は設置者別が基本になっている現状はそれなりの意味を持っているといえよう。

包括団体の機能としては、利益団体、圧力団体としての機能のほか、調査研究機能、公共的機関としての自主規制の機能もあるが、現状での社会の受け止め方は利益団体・圧力団体とする見方に偏っているかもしれない。これも、これまでの国立中心の政策に対し、私学のために声を挙げることがいかに切実な問題であったかを思えば理解可能なことであろう。しかし、今後、大学教育のユニバーサル化への対応とともに、教育内容の国際的な共通性、標準性が求められるなど、大学の改革課題も一大学の対応を超えた広がりをいっそう強めてくることは必然であり、大学団体の在り方も、新たな政策課題に主体的に対応できるよう、調査研究等の体制を整えることが不可欠であろう。

（２）「私学の自主性」の理念の転換

戦後私学法の制定によって確立された「私学の自主性」の理念は、その後の私学の歴史を見ると、主として「行政介入の排除」の理念として作用していたように思われる。戦前の no support full control の権力的な私学行政の影を払しょくするためには、一時期はこういう否定的・消極的な受け止め方もやむを得なかったかも知れない。しかし、すでに半世紀以上を過ぎ私学が八割を占めるという私学主流の時代になって私学政策のより明確な姿が模索される今日では、「私学の自主性」の理念は個別大学への「行政介入の排除」という消極的な理念ではなく、私学の集団としての自主性へと転換し、私学政策への参加という積極的意味を強める必要があろう。

（３）評価団体の役割

認証評価制度が平成一六年に発足し、七年に一度の受審義務が法定されたことを受けて、大学・短大を含めて四つの評価団体による機関別評価の体制が整えられた。このうちの二団体は私学の包括団体が設置母体になっているが、これらの評価団体が今後どのような方向で発展を遂げて行くかは、私学政策の新しい枠組みの構築にとって決定的に重要な意味を持っている。評価団体は独自の大学評価基準を持ち、これを常にアップデートして行かなくてはならない以上、大学教育の実態や改革の動向、諸外国の質保証の動向等に関する調査研究の機能を基盤として、独自の政策理念を持たなければならない。評価団体は単に大学評価のためにあるというより、私学政策の発展のためのインフラとして主要な役割を果たすことが期待される。現状ではいまだ調査研究体制の整備は不十分と思われるが、母体である私学団体と連携しつつその充実を目指す必要があろう。母体である私学団体も、評価団体との連携を政策集団としての力を蓄えてゆく契機としうるのではないだろうか。

現在、大学関係の認証評価機関としては三機関があるが、その役割分担は明確でない。建前上は、いずれも評価対象機関は特定せず、大学は自由に評価機関を選択できるようにするべきだという市場主義の体制であるが、一方、実態は設置者別の様相が濃い。大学評価という高い専門性と倫理性を要する事業に、本来、市場主義はなじまない。認証評価には大学コミュニティーの相互支援的な理念が基盤にあるとすれば、評価機関と評価対象大学との間には、ある程度の共同体的な固定的関係が必要である。これらのことを考えれば、評価機関が緩い設置者別の性格を持つことはメリットの多い在り方だと考える。

コラム①　日本の高等教育進学率はなぜ低い

戦後の経済・社会の新しい展開を背景にした高等教育の普及・大衆化に、先進諸国はいずれも国家戦略として積極的な対応を図ってきた。大衆化を担った主役には、欧州は国立、米国は公立、日本は私立という違いがあるのは、一口で言えば「国のかたち」の違いによると言ってよかろう。

結果としての今日の高等教育への進学率はどうかと言えば、先進国の多くが七〇％前後を示しているのに対し、わが国は五〇％台という低水準である。先進国としてのプライドもあり、この国際比較の数字を意外と感じ、戸惑いを覚える日本人も多いようである。しかし、日本の高等教育政策の歴史を振り返れば、この数字は決して意外でも不自然でもないのかもしれない。

明治以来、日本の高等教育政策の中心課題は日本の近代化をけん引し得るナショナルリーダーの育成であり、そのための教育・学術の拠点たるべき国立大学の整備であった。一方で、次第に高まってくる国民の高等教育への進学意欲に対しては、国家的課題として正面から取り上げることは少なく、自主的に発展してきた私学の市場に委ね、むしろ質の観点からの規制的な対応が多かった。

しかし、高等教育の役割はリーダーの養成だけではない。安定し、活力ある近代国家の構築のためには、主体性を待った教養ある市民層の形成こそが大事だ。国民の過半数が高等教育を受けるようになってもなお、その拡大に各国が力を注いでいるのも、高等教育のこのような幅広い役割に対する国民の期待があるからにほかならない。

ところが、わが国では高等教育の大衆化は「学習しない学生」「教育の浪費」などのイメージが伴い、国民に必ずしも積極的に受け止められていない。

高等教育の大衆化に対する理念を欠いた政府の対応は、高等教育の質に対する国民の信頼を損ねてきた。質を置き忘れてきた「大衆化」の根本的な見直しこそ、今日の高等教育政策の、そして大衆化を担う私学政策の中心的課題であろう。

「内外教育」（二〇一三年九月、第六二七五号）

コラム② 高等教育政策、「目標」はどこに？

構造改革・規制改革の理念が高等教育政策に支配的な影響力を持つようになってから、高等教育政策が何を課題とし、何を達成目標にしているのかが不分明になってきたように思う。

もともと政策の大綱とその目標を国民に分かりやすく示すということは、日本の行政が得意とするところではなかったと言えようが、臨教審以来のキーワードである「個性化・多様化」も、教育の成熟化時代にマッチした改革理念として重要な働きをしてきた反面、政策目標のあいまいさをカムフラージュする役割を果たしてきた面もある。こうした政策目標のあいまいさに加えて、最近の規制改革の圧力は、市場原理を優先し政策の出動に足かせをはめることによって、高等教育政策の存在自体をあいまい化しようとしている。

高等教育政策の課題の一つである「質の保証システム」については、「事前規制から事後チェックへ」という方向性は分かるが、なし崩し的に進む設置自由化はどこへ収れんするのか、システム全体の姿とその有効性はよく理解できない。もう一つの課題である「高等教育の構造の多元化」については、長年個性化・多様化がうたわれてきたが、行き着くべき全体構造の姿そのものは正面から議論されることもない。さらにもう一つの重要な課題、「公的資源配分の在り方」については、「もっと競争的に」というばかりで、国立と私立とのバランスや私学助成の在り方など資源配分の基本課題は棚上げのままである。

今の高等教育政策は外圧に押されるばかりで、自らの行き着くべき先を見定める余裕がないように見える。教育改革の問題に規制改革の議論ばかりが支配的になり、教育の理念の出番がないという異常な状態が続けば、教育の未来は混迷を深めるだけだろう。

こういう状況の中で、最近高等教育全体の将来像をという議論が高まってきたことは至極当然である。この機会に本来の教育の議論が復活することを期待したい。

「内外教育」（二〇〇四年八月、第五五〇二号）

第2章　規制改革と高等教育―規制改革とは何だったのか

第1節　規制改革とグローバリズム

1　規制改革に向けられてきた国民の疑問

規制緩和（改革）の歴史も既に三〇年を数えるようになり、規制緩和という政策の目標とするところも随分と変化してきた。臨調改革における規制緩和のテーマであった「行政の簡素化」という分かりよい課題は、「小さな政府」を目指した「官から民へ（民活）」となり、更に日本の市場開放を妨げている社会・経済の構造そのものを改革しようという「構造改革」へと展開し、次第に日本の社会・文化の深部を掘り崩し、日本人の価値観の転換を迫るような深刻な課題に変貌してきた。これまで「公」の領域として守られてきた医療、福祉、教育などの公共的サービス分野も、民の営利活動に開放し、市場機能に委ねることが経済の活性化だけでなく消費者利益につながり、グローバル・スタンダードでもあるとされるようになったが、これが本当に、グローバル競争時代のサバイバルのためには乗り越えていかなければならない国民的な課題なのだろうか。多くの国民がこのことに疑問を抱きつつ、調和と安定の世界から競争と淘汰の激しい世界へと引きずり込まれるような不安と戦ってきたのが実態であったように思う。

規制改革政策は既に経済の分野で大きな成果を挙げ、次いで雇用、福祉、医療、教育などの社会的分野に拡大し、人間の生存や生きがいに直接かかわる政策に対しても強力な手法を持って市場主義的な改革を進めてきた。その結果として国民総中流と言われた日本社会の安定感は失われ、格差社会化の不安が随所で現実となりつつあり、規制改革論に対する疑問も次第に表面化してきている。高等教育の世界でも、自由化と競争が大学の個性化と質の向上を生むという面より、混乱と無秩序による弊害が目立ち、大学の公共性に対する信頼すら揺らいでくるような恐れを感じる。この章では、まず規制改革政策のこれまでの流れを振り返り、公共性の高い社会的分野についても、国の政策的関与を排し、市場主義に偏した改革を押し進めてきた背景には何があったのかということと、その政策手法の異常さと危うさを指摘することとしたい。

2　規制改革の流れ――「行政の簡素化」から「構造改革」へ

規制改革（緩和）の歴史は、臨時行政調査会による行革の一環として推進された時に始まる。この動きは、一九八〇年代に入って第二臨調の数次に亘る答申「許認可等の整理合理化」となり、更に八三年の「行政事務の簡素合理化及び整理に関する法律」となって結実したが、これに見るように臨調行革における規制緩和の目標は「行政の簡素化」であった。

この時期、英米両国では、新自由主義の経済思想を基盤とした本格的な規制緩和が進められていたが、その日本への影響は未だ限定的であったと言える。しかし、その思想的基盤は当時の臨時教育審議会の審議にも影響を与えて、いわゆる「自由化論争」を生み、日本の教育界にも大きな影響を与えた。その遺産は大学審議会にも引き継がれ、平成三年の大学設置基準の大綱化をはじめ、大学の個性化・多様化政策として今日に及んでいると見ることもできよう。しかし、大学審議会を中核とした九〇年代の大学政策は、それ以前からの大学の多様化に対応する制度の自由化・弾力化の流れを踏まえたものであり、構造改革・規制改革の下でのもっぱら経済の視点に立った大学の自由化・競争化の政策は、これとは多分に異質なものと捉えるべきであろう。

一九八〇年代中頃からは、臨時行政改革推進審議会（行革審）の時代であるが、当時は日米貿易摩擦の激化が日本の政治・行政に強い影響を与えた時期である。米国政府は、公正な市場競争を阻害する複雑な規制の存在を貿易不均衡の原因であるとしてその撤廃を強く求め、これに応じて大店法による規制や物流の規制などの緩和が進められた。規制緩和の理念は、単なる行政の簡素化から、市場原理による「民間活力の発揮・推進」（第一次行革審答申　一九八五年）へと展開することとなった。

この間、米国では、日米貿易不均衡の原因は繊維、自動車、オレンジなど個別分野の問題だけではなく、日本の閉鎖的市場や取引慣行など日本の経済・社会の構造そのものにあるとする考え方が強くなり、日本人の価値観や行動様式自体を問題とする「日本異質論」まで唱えられるようになった。その結果一九八九年の日米首脳会議において米国側の要求により「日米構造問題協議」の枠組みが作られることになり、この協議の場で、内政干渉としか言いようの無い様々な要求が突きつけられるようになった。そして、この動きに対応するかのように、規制緩和も経済の構造改革の手段と位置づけられるようになる。

一九九四年二月には、第三次行革審の答申をうけて「行革大綱―今後における行政改革の推進方策」が閣議決定され、これに基づいて規制緩和推進計画が策定されるとともに、規制緩和を監視するため行政改革委員会が内閣直属の強力な機関として設置され、その下に規制緩和小委員会が置かれた。小委員会は広い分野について具体的な改革提言を行ったが、その特徴の第一は、規制緩和を経済構造改革の重要な手段と位置づけていることであった（小委員会第一次意見）。

このほか、この閣議決定では規制緩和の方針として、経済的規制は原則自由化、社会的規制は最小限にするとしており、福祉・医療、教育などの規制も経済的規制に較べ限定的ながら規制緩和政策の対象とされ、高等教育分野では校地基準の緩和などが取り上げられた。

3 外圧主導の規制改革

規制改革の進展は既に述べたように米国からの外圧抜きには語れないが、一九九四年以降は、米国企業等の日本でのビジネス・チャンス拡大に繋がるような要求を、米国政府から日本政府への「年次改革要望書」という形で堂々と提出するようになった。「堂々と」という意味は、在日米国大使館のホームページで誰でも閲覧できるからである。これは両国首脳会議における政府間合意に基づいて行われるものであり、その内容は個別産業分野のほか、行革、規制緩和、情報公開、独禁法、取引慣行、商法、司法制度などあらゆる領域を対象として改革要求を列挙しており、これが今日まで毎年延々と続いてきている。これは単に要求するだけではない。その実施状況は日米の当局者によって点検・評価され、両国首脳への報告書が作成される。米国では更に通商代表部が連邦議会に報告し不公正な貿易慣行が是正されないときは一方的に制裁措置を取れるとする「スーパー三〇一条」を発動できるという仕組みができている。

しかし、このような国家改造とも言うべき改革が簡単に進むわけはない。一九九八年二月に行われた両国政府代表団による協議後のプレス・ステートメントをみると、改革が思うように進まないことに対する米国側のいらだちがよく現れている。曰く、「二日間に及ぶ協議は建設的であったものの、規制緩和に関する両国の見解に大きな隔たりがあるこ

参考：米国政府の主な対日要求と日本政府の反応

（2006 年７月７日　朝日新聞記事より）

米国政府の要望		日本の法・制度の改正
大店法の廃止	92 ～ 94 年 00 年	大店法緩和 大店法廃止
通信分野の競争強化	97 年	ＮＴＴ分離・分割
建築の規制緩和	98 年	建築基準法改正
人材派遣の自由化	99 ～ 04 年	労働法改正
会計制度改革	01 年	時価会計制度導入
外国人弁護士の参入	03 年	外国人弁護士法改正
医薬品販売の拡大 医療分野の開放	04 年	コンビニでの医薬品販売解禁 混合診療の一部解禁
談合排除課徴金制度の強化	05 年	独占禁止法
郵政民営化		郵政民営化法
合併手続きの柔軟化		新会社法
知的財産の保護	06 年	特許法改正

（米国政府の要望は 89 年の日米構造協議以降、05 年までの主張）

とを示すものに終わった。米国政府は、日本政府が規制緩和に向けて新しい提案をほとんど提出しなかったことに失望した。また、米国政府は、遅々として進展しない日本の規制緩和、さらに、意味ある改革に対する日本の各省庁による執拗な抵抗に苛立ちを感じている旨、表明した」。

二〇〇一年四月に小泉内閣が成立すると、小泉・ブッシュ両首脳による「成長のための日米経済パートナーシップ」の下で、構造協議の新たな枠組みとして「規制改革及び競争政策イニシャチブ」が設けられ、年次改革要求書に基づく協議がつづけられた。その第一回報告書が二〇〇二年六月に出されているが、そこでは「報告書には、規制改革イニシャチブの下での作業に関連する日米両政府による主要な規制改革及びその他の措置が列挙されている。両国政府は、この報告書に明記された措置を歓迎しこれらの措置が、競争力のある製品及びサービスの市場アクセスを改善し、消費者利益を増進し、効率性を高め、経済活動を促進するとの見解を共有する。」としており、規制改革推進三カ年計画（改定）の閣議決定をはじめとする進展にかなりの評価を示していることが窺える。小泉政権下での強烈な政治手法により、年次改革要望書のツケは着々と切られていったのである。

4　何が問題か

規制改革が米国の「要望」によって促進されたことは明らかであるが、決してそれだけでないことも事実である。規制改革が、民間への市場開放や企業活動への統制を排除しようとするものであれば経済界が基本的にこれを支持するのは当然であり、経団連も構造改革の必要性を主張しているし（豊田ビジョン「魅力ある日本─創造への責任」

一九九六年）、小泉内閣の下では、経済財政諮問会議や規制改革会議等の場で財界代表が主導的な役割を果たしてきた。また、「鉄の三角形」と言われる政・官・産のもたれあい構造を是正していくとすれば、その点では国民の多くも支持するだろう。

しかし、問題は二つある。一つは、市場機能の適正な働きが保証されるなら、公共の利益、消費者の利益は自ずと実現されるという市場原理主義の楽観論の誤りであるが、最近の雇用、福祉、医療等の分野における国民の不安の増大を見れば、この点は今更の議論のように思われる。

第二の点は、規制改革の政策決定手続きに関することであり、規制改革政策の誤りとして、この方が重要性は高いかも知れない。それは、経済の活性化を目標とする政策手段である規制改革が、経済活動の範囲を超えて教育・福祉等の社会的分野に拡大されているにも拘わらず、これら社会的分野の担当省庁、関係団体、関係機関、識者等との意見の調整が実質的には殆ど行われず、これらの分野の政策目標や政策理念にも、これまでの政策体系との連続性、整合性にも十分な検討が行われないままに、経済の活性化を最重要視し、教育、福祉等の分野においても市場開放、民業の拡大の結論のみが急がれたことである。高等教育の分野におけるこれらの問題点については、以下の節に委ねる。

第2節　規制改革政策の理論と戦略

1　経済的分野から社会的分野へ

（1）経済的分野から社会的分野へ

行革の一環として、経済分野を中心に進められてきた規制緩和は次第に国民の安全、健康、雇用、教育、環境保護等の社会的目的を持った分野も視野に入れるようになってきたが、これら社会的分野の規制については、その公共的な目的に対する配慮から、経済分野の規制とは一線を画する考えがあった。それを規制緩和の方針として明確にしたのは第二次行革審（一九八七〜九）であり、「経済的規制は原則廃止、社会的規制は必要最小限に」を方針として明示した。

このように、社会的規制については原則自由化という方向ではなく、見直しと合理化を求めるに止め、最小限の必要性を認めていたが、その理由としては次の二点がある。一つはサービスの提供者と消費者との「情報の非対称性」である。医療や教育のようにサービス提供者に高度な専門性を要求される分野では、何が消費者の利益であるかを消費者自身が判断することは困難であるために市場原理が有効に機能しないことである。二つには、そのサービス提供には国民生活の保障のための所得再分配の機能があるため、市場原理のみには委ねられない面があることである。この段階では、高等教育の分野で取り上げられた問題は、設置審査の提出書類の簡素化や校地基準の緩和などであり、従来の高等教育行政の方向性と大きく齟齬するものではなかった。

（２）二分論の否定へ

しかし、その後、小泉内閣が発足し、同時に総合規制改革会議が設置されてからはこのような規制緩和の二段階論は後退して行き、規制緩和の流れは、医療・福祉、教育、雇用などの社会的分野についても、経済的分野と区分することなく市場機能の活用を優先させようとするラジカルな方向を辿ることになる。

社会的規制の別扱いを不要とする理由として挙げられていることは、おおむね次のようなことである。一つは、公益性を守るための事業者の選別が、多くの場合既存事業者の既得権保護のための参入規制になっており、そのことが競争を阻害し、サービスの改善を妨げる結果を招いている。二つには、社会的サービスであっても、多様性の時代にあって何が消費者の利益であるかを政府が判断することは効率的ではない。このような理由によって、社会的分野であっても、市場原理の働きを妨げる規制は原則的に排除し、一方で、消費者保護や社会的弱者の救済については、情報開示の徹底と事後の監視や「セーフティーネット」の整備によるべきだとされた。つまり政府は規制を廃止して国民生活に対する責任を放棄するのではなく、市場を活性化すると同時に社会的安全弁も備えた最適な規制に改革しようということであり、その意味において、これは規制の「緩和」ではなく「改革」であるとして、以後「規制改革」という言葉が使われるようになった。

一九九九年四月には、規制緩和委員会の名称を規制改革委員会に変更したが、この委員会の「見解」に基づいて二〇〇一年四月に内閣に設置された総合規制改革会議は、「経済社会の構造改革を進める上で必要な規制のあり方の改革に関する基本的な事項について、総合的な調査審議を求める」との総理の諮問にこたえ、第一次答申を出した。この中で、従来社会的分野のサービスは「非収益的な慈善的サービス」と性格付けられたために改革が遅れてきたとして、今後この分野を重点的に取り上げていく方針を明らかにしている。これが転換点となり、社会的分野も、経済的分野と区別されることなく、市場重視の規制改革政策に正面から組み込まれていった。

（3）社会的分野への重点化―「官製市場」の開放

更に、総合規制改革会議では、二〇〇二年頃からは、官の関与の強い医療、福祉、教育、農業などのサービス分野を「官製市場」と位置づけ、これを民間に開放して巨大な潜在需要を掘り起こすことが真の意味の経済活性化に直結すると言う考えから、これらの分野への株式会社の参入をはじめとする民間開放の提言を行ってきた。その提言は「規制改革促進のためのアクション・プラン」として策定され、経済財政諮問会議の了承を得て、同年六月の閣議決定「経済財政運営と構造改革に関する基本方針二〇〇三」においても「医療・福祉・教育・農業など、官の関与の強いサービス分野の民間開放を促進することにより、消費者・利用者の選択肢の拡大を通じた多様なサービス提供を可能とするとともに、新規需要と雇用の創出を加速化する」と明記された。

社会的分野の規制改革は、単に経済的分野と区別しないだけでなく、官の支配の強かった分野を民間資本に開放することによって経済の活性化を図る方策として最重点化されたのである。

2 「事前規制から事後チェックへ」とは何か

（1）分野横断的な審議

公共性維持のために必要だとされる社会的規制の論理に対し、総合規制改革会議では、規制のあり方を変えることによって、社会的分野を別扱いせずに市場機能を活用した改革を進めることが出来るとする立場をとる。そのために、考え出されたのが「事後チェックルール」である。

総合規制改革会議では、当初、個別又は分野別の審議を行ってきたが、第二次答申に向けての審議では、幾つかの共通的テーマを定め、分野横断的、省庁横断的な審議の手法を取り入れるようになった。この共通テーマとして設定されたのが、民間参入等による「官製市場」の見直し、「規制改革特区」の実現などのほか「事後チェックルール」である。

このような横断的審議によって出された結論は、省庁別、個別の審議においては、既に既定の原則として扱われ、個別の実態に即した議論は殆ど実質的に行われることがない。しかし、それによって審議の効率性は大いに高められたものと思われる。

（2）「事後チェックルール」の意味

規制改革推進論では、社会的分野の規制には幾つかの共通する論理があるとしその最も重要なものとして、サービスの質の維持を理由とする参入規制（需給調整と提供者の選別）を挙げている。そして、市場の機能を活用しつつ、サービスの質を維持するためには、事前の参入規制を廃止するとともにそれに代えて事後の評価と監視の体制を強化すべきだとし、「事前規制から事後チェックへ」が改革の共通原理とされたのである。

同会議の第二次答申（二〇〇二・一二）では、事後チェックルール整備の意義として、①事前規制の存在根拠となっているリスクを、何らかの別の手段で軽減するか、あるいは事後的に対処しうる方策の明確化を、事後チェックルールの整備が担い得ること、②事前規制の緩和による消費者利益の増進をより確実なものにすること、（この場合、情報の非対称性を是正するための情報公開が特に重要である）の二点を挙げている（同答申「4 事後チェックルールの整備」）。

しかし、「事後チェック」が「事前規制」に代わる役割を果たせるのか、情報開示による情報格差の是正がどこまで可能か、事後の監視や救済が有効であるのか。個別分野でのそのような実態的な問題の検証は殆ど行われていなかったのではないだろうか。分野を越えて抽象的に決められた規制改革政策には、その実効性を担保するものがもともとなかったと思わざるを得ない。この事後チェックルールに沿って改革された大学の質保障システムの現状は、「事前規制から事後チェックへ」が如何に大学の実態から浮き上がった机上の論理であったかを示している。大学の質保証システムが今どのような問題を抱えているかについては、第3章において詳述したい。

3　総合規制改革会議の特質

総合規制改革会議は、政府の諮問機関である通常の審議会とは大きく異なった性格を持っている。政府の委託に答えて調査・審議し、政策提言を行うだけではなく、関係省庁に対し強い影響力を持ち、特定の政策課題を推進するための機関として機能してきたことである。会議の目的と委員構成、権限・機能、審議の進め方の三つの面からこの会議の性格を見てみたい。

（1）会議の目的と委員構成

この会議への総理の諮問は、前記のように「構造改革を進める上で必要な規制のあり方の改革」であり、この会議が第二次答申の決定に当たって公表した文書によれば、「総理からの諮問に応え、今年度は「経済の活性化」を統一テーマとして積極的な調査審議を積み重ねてきた」と表明している。答申の表題も「経済活性化のために重点的に推進すべき規制改革」とされている。会議の目的は経済の活性化であり、教育も福祉もそれ自体が審議の目的ではない。

この会議の委員構成は、財界から一〇名と大学等からの研究者五名の計一五名であるが、教育界を代表する委員は皆無であり、教育を論ずる体制とはいえない。しかし、会議の目的が経済問題であるとすれば、本来なら当然の委員構成である。問題は、経済問題を審議する目的で構成された会議が、経済問題との関連において福祉、教育等の重要政策を左右する実質的な権限と機能を持ったことにある。

（2）会議の権限・機能

内閣府設置法に基づいて制定された「総合規制改革会議令」によって、この会議には次のような権限が与えられている。

①所掌事務を遂行するために必要があると認めるときは、関係行政機関の長に対し、資料の提出、意見の開陳、説明その他必要な協力を求めること

②内閣総理大臣は、会議からその所掌事務を遂行するために必要があるとして申し出があったときは、関係行政機関の長に対し、会議への資料の提出、意見の開陳、説明その他必要な協力をすべきことを求めること

会議は、この権限を効果的に活用し、委員と各省幹部との公開討論、宮内議長と各省次官級との折衝、行政機関の長に対する資料提出要求など、通常の審議機関の枠を超えた強力な手法を行使し、総理の権限を背景にして、各省との調整に強い力を発揮してきた。更に、前記の第二次答申の際の公表文書では、第三七回の経済財政諮問会議において、「関係省庁に対する勧告権の総合規制改革会議への付与や成果主義（規制改革による経済効果の測定等）の導入による規制改革推進体制の抜本的強化」について検討開始することの必要性について、概ねの合意を得た、としている。委員のメンタリティーの上では、この会議は諮問機関ではなく、規制改革に関し関係省庁に対する一定の権限を持った調整・推進の機関だったように見える。

もう一つ、この会議の機能を強化した仕組みとして、「経済財政諮問会議との連携」を挙げておく必要がある。会議の宮内議長は、審議の節目々々で経済財政諮問会議に出席して意見交換を行って両会議の連携を図っており、会議の答申は、年次ごとの「経済財政運営に関する基本方針」の閣議決定（骨太方針）にも盛り込まれた。総理が主宰し、そのリーダーシップによって国の経済財政運営の司令塔となっていたこの諮問会議との連携を基盤とすることによって、総合規制改革会議の答申は、各省庁に対して次のような強力な力を持ちうる仕組みとなっていた。

①政府は答申を「最大限尊重（閣議決定）」し、毎年度末に規制改革推進三ヵ年計画を改定する（閣議決定）。
②会議は、政府による推進計画の実施状況をフォローする。

（３）結論先行型の審議

この会議の審議の進め方の特徴は、「結論先行型」の審議にある。導くべき結論の方向性ははじめから委員の間でおおむね共有されており、如何にして所轄省庁や関係団体等の抵抗を抑えるかに勢力が注がれていたように思われる。一例を挙げれば、次の文章は、第二次答申の公表（二〇〇二・一二）に際しての同会議の文書からの引用であるが、ここでは、議論すべきことは、株式会社参入の是非ではなく、いかにしてそれを実現するかである。

「当会議としては、こうした「官製市場」を本来の健全な市場経済に移行させ、我が国に潜在する巨大な需要と雇用を掘り起こすため、今までの部分的・限定的な措置に止まらず、上記四分野（医療、福祉、教育、農業）における株式会社参入の解禁・推進を目指し、引き続き、さまざまな角度から積極的な議論を進めていく所存である。」

このように結論先行的な審議によっては、関係省庁等との実態に基づいた実質的な政策調整は期待できなかったのではないだろうか。教育関係の答申を読むと、規制改革の結論を導く論理は、一口で言えば「一律規制による画一教育」というステレオタイプの現状認識と「競争による質の向上」という観念論ばかりである。

経済の視点と教育の視点とでは問題意識のすり合わせに困難が伴うことは当然であるが、いずれにせよ、公共性の分野で重要なことは国の政策的関与と市場機能のバランスであり、そのベストミックスを探るためには充分時間をかけた慎重な協議が必要だったはずである。残念ながら、担当省庁等との実質的な調整が行われないままに、民間開放、市場経済化へ向けて中央突破が図られたのであり、個別分野の実態との乖離によって、多くの政策的誤りを残すであろうことは当然予想されたことと言わざるをえない。高等教育における具体的な問題については次の節に委ねる。

第3節　規制改革政策が残していったもの

前節では規制改革政策自体の性格・特色を理解するために、その背景・沿革とこの政策の論理構造や戦略について考えてきた。この節では、規制改革政策に沿って実施された高等教育の分野での改革がどのような問題を残しているかを考察し、今後の参考に資したい。問題は多岐にわたるが、ここでは特に、私学政策のコアーである設置審査を含む質保障システムの在り方に及ぼした影響について述べたいと思う。

1　質保証システムの改革と混乱

・「事前規制から事後チェックへ」は大学改革の原則たり得るか

公共性の高い社会的分野における規制の在り方として分野横断的な原則とされた「事前規制から事後チェックへ」という考え方は、大学の質保証システムの在り方に極めてドラスチックな変革をもたらした。この変革は、後述するように、いくつかの理由によって質保証の現状に大きな混乱を生んでいる。まず、この原則に沿って、大学の質保証システムの改革を求めた総合規制改革会議の第一次答申（二〇〇一・一二・一一）の「４ 教育」の要点を挙げてみよう。

「規制改革の推進に関する第一次答申　４ 教育」

「問題意識」：「……大学においては教育機関や教員が互いに質の高い教育を提供するよう競い合うことが、……我が国の教育全体の質的向上に特に強く結びつくと考えられ、そのような環境の下で学生や生徒に対し学習に対する積極的な動機付けを行なっていくことが必要であると考える。」

「改革の方向」：「大学や学部の設置に係る事前規制を緩和するとともに事後的チェック体制を整備するなど、一層競争的な環境を整備することを通じて、教育研究活動を活性化し、その質の向上を図っていくことが必要である。」

「具体的施策」：「大学の設置等の審査は、大学の自主的自立的な判断による機動的な組織編制を阻害している面がある。また、厳しい事前審査を行なう一方で、事後的な監視点検が機能していない状況が、自らの提供する教育サービスに対する責任感の欠如とその質の低下を招いているのではないかという懸念がある。……そこで、大学の設置等に関する規制を一層緩和する一方で、継続的な第三者による評価認証（アクレディテーション）制度の導入などの監視体制を整備する必要がある。」とし、具体的な施策として次のような事項を挙げている。

ア　大学・学部の設置規制の準則主義化［平成一四年度中に措置（検討・結論）］—

審査基準の軽減、簡素化、一覧性の確保、学科の届出化、設置等の抑制方針の見直し、その他

イ　評価認証制度の導入［平成一四年度中に措置（検討・結論）］―大学の教育研究水準の維持向上の観点から、設置認可を受けたすべての大学に一定期間に一度、継続的な第三者による評価認証（アクレディテーション）を受けてその結果を公表すること等を義務付けるなどの評価認証制度を導入（評価認証機関については、互いに質の高い評価認証サービスを提供することを競い合う環境を整えるため、株式会社を含め設立できることとし、特定の機関の独占としない。）

ウ　学生に対するセーフティーネットの整備［平成一五年度中に措置］―大学が廃止されることとなる場合、学生の就学機会の確保が図られるよう、適切なセーフティーネットの整備を検討

以上が事前規制としての設置許可を簡素化し、事後チェックでその役割を代替しようという第一次答申の内容であり、その後も第二次答申等で一層の準則化を求める提言が繰り返されてきたが、改革の理由として挙げられていることは、競争政策によって質の向上を図るということに尽きる。設置認可の果たしていた役割を事後の評価で代替できるのか、設置認可の簡素化による学生のリスクをセーフティーネットで償えるのか、こうした実施上の問題への言及は全くなく、単純な抽象論のみで、高等教育政策としての実態的問題に真摯な眼が向けられていたとはとても理解できない。

この答申には、具体的施策の提言のそれぞれについて、「・・年度中に実施」等と極めて性急な実施期限を付している。これについては答申の「はじめに」の中で次のように述べているが、これもこの会議が経済の活性化のみを急ぎ、個別分野の政策に対する責任感覚が少なく、その分野の実態に対する関心も希薄であったことを示してい

るように思われる。

「構造改革が急務となっている今日、改革施策の実施を一層加速化することが重要である。そのため、本答申では、速やかかつ確実な施策の実施を確保する観点から、改革施策の実施時期を明示することを原則とした。」

この第一次答申はそのまま翌年三月には規制改革推進三ヶ年計画（改定）として閣議決定され、文部科学省ではこれを受けて中央教育審議会で審議し、ほぼ総合規制改革会議の第一次答申の線に沿った答甲を得たうえで、設置認可の準則化、設置審査の抑制方針の見直し、認証評価制度の導入及び法令違反の大学等に対する是正措置について、学校教育法等の改正（平成一五年四月一日施行、認証評価については、一六年四月一日施行）を行った。次にこれらの制度改正の問題点について述べたい。

2　設置認可制度の見直しとその影響

・文部科学省の措置

わが国の高等教育行政の大筋は、国立に対する設置者行政と私学に対する設置認可行政および助成政策、この三つによって担われてきたと言っても過言ではない。私学の比率の高いわが国では、質保証システムとしての設置認可制度は高等教育政策の中で極めて大きくかつ広範な役割を果たしてきた。これに対し規制改革政策は、設置認可は市場機能を阻害する「参入規制」であるとして、その機能の最小化を求めているわけであり、これは本来日本の高等教育全体の秩序を揺るがす大問題である。しかし、文部科学省では「規制改革推進三カ年計画」の閣議決定に縛られる形で、上記の学校教育法等の改正によって、ほぼその内容を実現した。その内容は要約すると次の四点である。

① 設置認可の届け出化：学部等の設置のうち、授与する学位の種類、分野の変更を伴わないものは届け出で可能に

② 設置審査基準の緩和と準則化：設置審査の基準として法令のほかに内規、申し合わせ等さまざまな形式で規定されていたのを整理し、最小限必要なものを告示以上の法形式で規定し、他は廃止

③ 量的規制の廃止：大都市部における設置の抑制をはじめ、一八才人口減の折から採られていた設置の抑制方針を撤廃

④ 違法状態の大学に対する段階的是正措置

・設置の容易化による意識変化

このような見直し後の設置審査の現状はどうかといえば、日本の大学の質の維持にとって極めて憂慮すべき状況だと言わざるを得ない。大学設置・学校法人審議会がまとめた資料から、この審議会としての問題意識の一部を挙げて見よう。

① 設置者としての自覚と責任感を欠いた準備不足の設置申請が多くなった。

そのことが、設置基準の抽象性とも相俟って審査を困難にしている。

② 基準緩和の影響で経営の継続性・安定性が保てず、質の維持の困難が懸念される。（校地・校舎の借用が認

められた結果、借料による経営の圧迫など）
③　審査内規の廃止による審査の困難（専任教員の定義の不明確等）
④　届出制の抜け道的活用による逸脱的な組織改編の出現

このような事態に対し、関係審議会の会長等の責任者から、質の維持に対する危機感を表明したコメントが相次いで発表されるに至っている。下記は、大学設置・学校法人審議会の会長が、平成二〇年度開設大学、大学院について答申した際のコメントの一部である。「・・大学の新設、学部の設置、短期大学の学科の設置…の各区分で、申請の取り下げが七件あり、また、いくつかの案件については、当審議会においてさらに吟味を必要とするという判断から、現在の時点では保留という結果になっている。これらの案件は、総じて準備不足の傾向が顕著であり、設置の趣旨・教育上の目的、教育課程、施設・設備の面で、大学の設置に関する基本的理解を欠いているのではないかとの懸念がもたれるような申請内容のものも見られた。」

設置認可制度の規制緩和は、競争を激しくすると同時に、質の向上ではなく、設置の容易化が大学設置者としての自覚と責任感を弱める効果を生んでいるようである。

・高等教育の規模、配置の無秩序化

高等教育の規模・配置について設置認可制度がどのような役割を果たすべきかについては、戦後いろいろな変遷があったが、中教審の四六答申を契機として、高等教育の質の維持の観点から高等教育の規模・配置の計画性が重視されるようになり、七〇年代の後半からは私学助成の強化と併せて、高等教育計画に基づく計画的な設置認可行政が行われるようになった。その間、社会的ニーズに即した規模・配置の調整の面で、設置認可制度はかなりの役割を果たしてきたといえよう。

これに対し、規制改革政策は「政府の計画より市場の選択を」という思想に立って、設置認可から設置規制の機能を喪失させた。その結果として、一八歳人口の長期的な減少傾向の時代にあって大学数は逆に増加を続けるという異様な事態になっている。平成一〇年から二〇年にかけて、大学数は私立一四五校、公立二九校増加し、一方進学志願者数の減少により、私立の定員未充足の大学は三五校から二六六校に増え、その数は大学数全体の四七%に達している。その結果として私学の経営は大きな打撃を受けており、収支に赤字を出している学校法人は既に三割に達するなど私学経営の不安定化が目立っている。分野別に見ても市場機能の失敗が目立つ。中でも法曹養成制度の改革を目指した法科大学院は一挙に七四校が新設され、入学定員の合計は五、八一五人となった。このため当初新司法試験の合格率を七、八割と想定していたのが、初年度が四八%で、近々二〇%台になるという予想もあり、「司法試験よる点での選抜からプロセスとしての法曹養成へ」という改革の意図さえ危惧される状況にある。

設置認可が準則化し大学への参入規制が緩和されたことによって、確かに大学の組織改変の動きは活発化した。しかしそこで生まれたものは、需給バランスの喪失による教育の不安定化と過剰競争による質の低下への危惧の高まりである。高等教育の適正な規模・配置の実現については、国の政策が後退したあと、市場がこれに代わる機能を果たすことを期待することはできない。このことが現実として次第に国民の目に明らかになりつつある。それでも、総合規制改革会議は、認可制度の改革後もなお現状は不十分だとし、設置等を全面的に届け出制にすること（少なくとも規制改革特区においては）を求めている（総合規制改革会議「規制改革のためのアクション・プラン一二の重点事項」に関する答申　平成一五年七月一五日）。

3　設置認可と認証評価の役割分担について

・設置認可の役割

「事前から事後へ」を原則として、設置認可を簡素化した代替として認証評価制度が生まれた。認証評価は果たして設置認可が持っていた機能を事後に果たしうるか。まず、設置認可の機能を整理して見ると次の五つになると思う。

① 使命・目的とそれに沿った教育研究の基本組織の審査
② 教員組織（資格、専任教員数）の審査
③ 教育の運営計画（カリキュラム、卒業要件、履修方法、授業方法、学生評価、学習支援、ＦＤ、その他）
④ 校地・校舎等資産の確保と経営の安定性の審査
⑤ 設置の必要性の審査

この五項目は、その性格によって次の三つに分類できよう。

ア　大学としての存立のための基本的要件となるもの―①、②、④
イ　教育研究の運営上の要件として求められるもの―③

ウ　設置に対する社会的必要性の有無を判断するもの――⑤

アは、大学として存立するための不可欠の要件であり、設置当初から具備する必要があるから事後の評価にはなじまない。また定量的な評価を主とするハードな基準である。

イは、運営上の基準であるから設置後でなければ具体化せず、事前評価では「予定」又は「計画」としての評価になる。また、流動的でソフトな問題であり、定性的な面の多い評価であるから、客観性が求められる公的（行政的）評価はなじみにくい。

ウは、規制改革によって既に否定された機能であり、ごく一部の特別な分野を除いて、現在は存在しない。

・「事前規制から事後チェックへ」の可能性

事前の設置認可と事後の認証評価との組み合わせによる新しい質保証システムは、二つの理由から、機能不全の混乱状態である。一つは、設置認可の果たしてきた役割は、上記で見たように、その主要な機能（上記の①、②、④）は事前だから意味があるのであり、事後のチェックにはなじまない。特に教員組織が完成してから教員審査をする無駄と無意味さは説明の要がない。当然ながら認証評価制度は設置認可の機能を代替するわけにはいかない。

理由の第二は、甚だしい準備不足である。新しい質保証システムの構築という大事業を進めるに当たって、高等教育の質の維持を担う制度としての充分な審議は行われず、市場主義的な規制改革の理論に先導されて、多くの基本的な問題が未整理のまま性急に結論されてきたことである。その結果として、認証評価制度は既に第一回目の七年の周期が既に終わりに近くなった現在もなお、設置認可との役割分担をどうするか、複数ある評価機関の相互関係、特色はどうあるべきか、分野別評価をどうするか、安定した評価体制をどのようにして構築するか、など多くの基本的な問題を抱えたままである。

設置認可制度については、その後平成一七年の中教審答申においてもその質保証機能を再認識しようとする動きが出てきたことは当然のことだろう。認証評価のあり方を考える上において大前提になるのが設置認可制度であり、その早急な再検討が求められる。

・質保証の主役は大学自身

総合規制改革会議の第一次答申では「厳しい事前審査を行う一方で、事後的な監視点検が機能していない状況」があるとし、継続的な第三者評価などの「監視体制」を整備すべきだとしている。設置後は質の保証が空白になっていると見てこれを埋めるのが第三者評価だとしているわけだが、これは大学の本質への理解を欠く。学校法人の制度は、私学の本質である自主性・自律性と公共性とを両立させるべく工夫されたものであり、質の保証はまずは大学自身の責務でなければならない。それが不十分であれば、自主的な質の保証を支援する装置を考えることが先決課題であり、それが認証評価であろう。認証評価自体を質保証の主体と考えることは自己点検評価を貶め、認証評価のあり方を歪める。そもそもボランタリーな同僚（ピアー）による評価組織によって全高等教育機関の質を継続的に保証するという考えは空想的だし、無理な役割を担って機能不全に陥る恐れがある。認証評価は、自己点検・評価活動を支援し、その誠実性と適切性を社会に保証することを基本と考えたい。

認証評価は公的な質保証装置である設置認可の事後的な代替ではない。公的な事後チェックとしては、私学法による段階的是正措置がある。これは行政の仕事だ。行政による公的な評価には客観性が求められ、定量的評価が主にならざるを得ない。しかし、設置基準には定性的な基準が多いように、大学では定性的な評価が大事である。ボランタリーなピアーによる評価というシステムが意味を持つのはまさにこうした領域であり、校舎面積やら教員の数やらを扱うのはあまり相応しくない。被評価者とのコミュニケーションを重視しつつ、あえて主観性を避けずに支援ないし助言的な評価を行うところに大きな意味があろう。

質保証システムの建て直しのために、設置認可制度の見直しと認証評価との役割分担の明確化が望まれる。なお、これらの課題については第4章において詳述しているので参照して頂ければ幸いである。

コラム③　設置認可制度の正当な評価を

大学改革の課題とされている問題は、その多くが世界に共通する二つの変化の潮流—大学のユニバーサル化とグローバル化—に起因しているようである。そのような課題として、今最も重要視されているのが、「学士課程教育の質保証」であろう。こうした世界的な共通基盤を持つ課題である以上、質保証が各国の共通課題になっていることも当然なら、各国ともに他国の質保証の取り組みに強い関心を示していることも自然なことである。しかし、質保証は必然的に「評価」を伴うし、評価方法の有効性は、その国の社会の文化的な特質に強く依存する性格を持っていることに十分留意する必要がある。

国際的な質保証の必要性が意識されるようになるとともに、米国流のアクレディテーションが一種のグローバルスタンダードとなりつつあるようである。しかし、こうした同僚評価的な仕組みが、質保証のすべての面で、米国と同様な有効性を発揮できるとは限らない。タテ社会といわれる日本の文化的な特質をわきまえて、その使い方を工夫しないと質保証は失速しかねない。

わが国の質保証には三つの要素がある。法的な最低基準である設置基準と設置認可と設置後の認証評価である。各国とも質保証にはこれに類した複数の要素を備えているが、力の入れ場所は大いに異なる。わが国は設置基準と設置認可という公的な性格の強い要素が中核となってきたが、今主役を交代させ認証評価を中核に据えようとしているようである。しかし、果たしてそれが質保証の国際的な信頼性を高めることになるのかどうか。

世界には、設置時の評価を重視している国も多いし、質保証への政府の関与が国際的信頼性にマイナスだとも思えない。わが国の設置認可制度の実績は正当に評価する必要がある。

一方、認証評価は設置認可制度の硬直化しやすい面を補えるその柔軟性を活用すべきだ。質保証システムの構築には国情に即したきめ細かい工夫が欠かせないと思う。

「内外教育」（二〇一〇年九月、第六〇二二号）

第3章　私立大学と学校法人

第1節　学校法人は誰のものか―私学のガバナンスを考える

1　ガバナンスの新潮流

最近は日本の企業の世界も随分と変わりつつあるようだ。企業の買収・合併の騒ぎが連日のように新聞紙面を賑わしている。日本流の株主総会も様変わりしているようで、外資系も入り混じって投資ファンドと経営陣との激しい攻防の模様が伝えられている。

会社の売買とは一体何事か。元来、企業の世界のことには疎いが、いまは大学の世界でもマネジメント論が盛んだし、株式会社立大学などが出現したこともあって、少しは勉強をと本屋を覗くと「会社は誰のものか」「誰のための会社にするか」などというタイトルが目に付く。タイトルに誘われて多少勉強したところによると、「会社は誰のものか」の考え方には、大雑把に言うと三つあるようだ。まず、会社は社員のものか、あるいは株主のものかと言う二つの対極的な考え方の違いがあり、さらに第三のタイプとして広く「社会・公共のもの」と言う考え方がある。ここでいう「誰のものか」というのは、法的な意味での所有ということだけではなく、経営に対して誰がチェック機能を持つべきかということであり、つまりガバナンスの問題である。

いま日本の会社は社員重視の集団主義的組織文化から、株主利益重視のアングロサクソン流への転換を迫る外圧にさらされているらしい。誰が迫っているのかと言えば、日本でのビジネス・チャンスの拡大を狙う米国資本をバックにした米国政府であり、日米構造協議の枠組みに乗って、既に十数年来毎年定期的に出されている日本政府への「年次改革要望書」というものがある。

これを見ると規制改革、民営化、競争政策、司法制度改革その他、何と日本の社会システムを文化的な土壌ごとひっくり返すような日本の大改造計画であり、その中に会社法制の改正要求もしっかりと盛り込まれている。既にその筋書きに沿って社外取締役の設置、委員会設置会社等の商法の改正等が行われ、株主重視のガバナンスが強められた。そうは言っても、少数の際立った国際的企業を除いて、社員重視の日本的な会社観は全体としてはそれほど変わってはいないようだ。日本社会の文化的特質に深く根ざした組織の在り方は、それなりの意味と存在理由を持っているのだと思われる。

ところで近年の産業界で安全や品質に関する不祥事が続いているのは、組織への帰属意識や忠誠心の薄れが原因なのか、逆に集団主義的な閉鎖性、不透明性が原因か。これは端的に結論できることではなく、必要なことは、日本的なシステムの良さは生かしつつ、透明性を高めるようなバランス感覚なのではないだろうか。

2　未成熟な学校法人のガバナンス論

コーポレート・ガバナンス（企業統治）に準じて、学校法人についてもガバナンスが論じられるようになったのはまだ最近のことである。文部科学省の学校法人分科会が学校法人制度改善小委員会を設けて、学校法人のガバナンスの在り方を取り上げるという触れ込みで学校法人制度の審議を始めたが、その後の審議の中でガバナンスという言葉は次第に使われなくなり、一五年一〇月の最終報告では全く消えている。報告には外部理事の設置を始めガバナンスに関わる事項も多く盛り込まれているが、全体のトーンはむしろ経営力の強化である。そのため残念ながらこの報告ではガバナンスの概念は明確にされずに、ガバナンスという言葉だけが広まり、ガバナンスの理論は余り深められていないように思われる。

ガバナンスの在り方を考える上でまず大事なことは、マネジメントとガバナンスの概念をはっきり区別することだろう。企業統治の定義もいろいろであるが、要点は「経営の効率性が損なわれないよう経営責任者の意思決定を抑制する組織的なメカニズム」と理解してよかろう。マネジメントとガバナンスは相互チェックが機能するような対立的な構造が必要であり、同じ方向を向いたメカニズムでは意味が無い。その点は、学校法人のガバナンスについても全く同様に考えるべきことであり、ガバナンスの議論は学校法人の経営責任者にとっては「苦い薬」でなければならない。

とはいえ、今は高等教育市場の縮小に加えて、規制改革による市場参入の自由化、公的財政支援の低迷などマイナス要因が重なり、私学経営の危機感がかつてなく高まっている時である。経営力の強化こそ最も関心を持たれる課題であり、それと反対向きの議論はなかなか出しにくい。学校法人制度改善小委員会の報告でガバナンスの概念が正面から論じられなかったのも、その辺の事情があったのかどうかは分からない。しかし、経営力強化のために全体性と戦略性を重視し、トップ・マネジメントの強化や権限集中を図るとすれば、それは反面では、経営者の不適切な行動が抑制され難くなるというリスクが高まることでもある。

厳しい競争的な環境の中でマネジメントの強化を議論するときこそ、私学への社会の信頼と支持を保つためには、ガバナンス論を避けては通れないと思う。

3　私学法改正はガバナンスを強化するか

さて、具体的に学校法人のガバナンスとしてどのようなシステムを構築すべきか。まず手がかりは、前記の学校法人制度改善小委員会の報告である。この報告に基づいて行われた私学法の改正で、ガバナンスに関してどのような改善が行われたかを簡単に整理してみたい。

一．理事制度の改善　理事会を法定化し、最高の意思決定機関とした。同時に代表権を持つものを原則として理事長のみとし、また一名以上の外部理事の選任を義務付けるとともに、理事会の業務執行に対する監督権を明確にした。これは業務執行に対する理事会のチェック機能の強化を図ったものであるとともに、重要な意思決定及び執行の監督と執行体制との分離という方向性もある程度窺える。

二．監事制度の改善　監事の内部統制機関としての独立性を保つよう、選任方法を改めるとともに、一名以上は外部から選任するものとした。

三．評議員制度の改善　理事長は、業務計画についてあらかじめ評議員会の意見を聞かなければならないこと、前年度の事業実績について評議員会に報告し、意見を求めなければならないことなどを定めた。評議員である教職員、保護者、卒業生その他多様なステークホルダーによるチェック機能の強化を図ったものである。

四．情報公開　在学者その他の利害関係者から請求があれば、一定の財務情報を公開しなければならないこととした。

これらはいずれも経営の意思決定及び執行に対するチェック機能に関するものであり、ガバナンスの強化に繋がるものである。

ところで、この私学法改正が学校法人のガバナンス強化にどの程度具体的な効果を発揮するかとなると、二つの点からあまり大きな期待は出来ないように思う。

一つには、大学法人の実態は、法改正を待つまでもなく、殆どが代表権を理事長及び理事の一部に集中しており、一名以上の外部理事も置いているなど、法改正が直ちに実態を大きく変えるものではないこと。

二つには、前記小委員会報告の中でも、また法改正に関する文部科学省通知においても、ガバナンスの理念は明確に示されておらず、その重要性についても触れられていないことである。理事制度改善についての説明を見ても、理事長を中心とするトップ・マネジメントの強化の視点が強く、ガバナンスの視点は明確にされていない。

昨年、私学高等教育研究所では「私立大学理事会の組織・運営・機能及び役割に関する実態調査」を実施し、その結果の速報を今年三月に公表した。この調査の中で、「私学法改正を契機としてどのような改革を実施したか」を聞いているが、その回答を見ると、理事会の議事の充実等を進めた割合は多いが、外部理事の新設や増員など、経営責任者に対する制御システムとしてのガバナンスを意識した改革はあまり進んでいるとは言えないように思う。

いま経営改革は大学改革の最大の論点となっているように見えるが、エンジンの馬力だけ上げて安全装置の強化を忘れるような改革ではリスクに弱くなる。学校法人のガバナンス理論の建て直しこそがいま急がれる課題だと思う。

4　マネジメントとガバナンス

前回は、トップ・マネジメントの強化を論ずる時は、同時にマネジメントを制御する力としてのガバナンス論が大事であることを述べた。ここでは、私学のガバナンスのあり方について幾つかの視点を提起し、これからのガバナンス論の進展に期待することとしたい。最初にマネジメントとガバナンスの概念を改めて整理しておこう。

マネジメントは「経営」と訳されているが、この「経営」は「経営」と「管理」に分けた方が分かりよい。この場合の「経営」とは、組織としての最高の意思決定機能であるが、それには組織全体を視野に入れることと目標の実現に向けた戦略性を持つことが求められる。そのような全体性と戦略性を備えた意志決定に向けてリーダーシップを発揮して行く機能が「経営」だと考える。また、「管理」とは、意思決定した事項の執行を管理することであり、マネジメントの概念には、通常、この経営と管理の両方が含まれる。

そこでガバナンスとは何か。ひとことで表現すれば、経営の意思決定を制御する組織的な仕組みである。どういう目標に向けて制御するのかと言えば、会社の場合は一般に「効率性」だとされている。およそ一定の目的を持った組織体であれば、その目的の実現に向けた経営の効率性が求められるのは当然のことであり、学校法人の場合も経営の効率性が求められることは同様であるが、それだけでは不十分である。学校法人の事業の基本的な性格は「公共性」であって、学校法人のガバナンスの目標としては、効率性とともに公共性を掲げる必要があり、会社のガバナンスとの基本的な違いはこの点にある。

近年は、会社でも経営に社会的責任（Corporate Social Responsibility-CSR）の理念が強調されるようになった。会社も社会の一員であるとの立場から、環境、人権、福祉、教育、雇用など公共的な課題に貢献すべきだということであり、これに倣って、最近は大学についても、大学の社会的責任（University Social Responsibility-USR）ということが言われるようになった。しかし、ＣＳＲとＵＳＲは、内容は類似しても、基本的性格は全く異なることに注意する必要がある。企業が社会貢献活動を行うのは、企業の持続的発展のために社会的信頼を得る、あるいは企業のイメージアップを図る等を目的とするものであり、それは経済活動の範疇に属する。本来的に公益を目標にした事業ではないはずである。なぜなら営利目的の法人である以上、その事業には経済合理性が求められ、会社の利益を度外視して公共の利益のための活動をすることは株主への背任行為になるからである。

一方、大学の教育と研究の事業が本来的に公共の利益を目標にしていることはいうまでもないが、大学の資源を活用して行う社会貢献活動も大学の第三の使命であるとする観念が定着しており、大学の本来的な公共性の事業である。

したがって、大学のガバナンスに関しては「公共性」が最重要の目標になるが、会社の場合はいかにCSRが強調されようとも、それは経済活動であり、経済効率性が求められる問題であるから、公共性はガバナンスの目標たりえない。この点が、ガバナンスの在り方を考える上で、会社と私学の間に基本的な違いを生む。私学の場合、大きく捉えれば「公共」そのものが最も重要なステークホルダーである。そのほか個々の私学の特性に応じ多様なものがありうる。次に若干の例示をしてみたい。

5　誰が私学のガバナンスを担うか

・「公共」によるガバナンス―　学校法人には株主がいない。学校法人は誰のものか。学校法人は私人（または法人）による財産の寄付行為によって設立される。この寄付行為は相手方のない単独行為であるが、この行為によって寄付財産は私的な目的には使えないという意味で公共の財産になるのであり、「学校法人は誰のものか」と言えば、それは「公共のもの」ということになる。したがって、学校法人のガバナンスを確立するためには、公共の立場が経営の意志決定に適切に反映される必要があるが、このためには二つのチャンネルがある。

一つは、国民あるいは地域住民の意思を反映するはずの行政の関与である。私学の場合は設置審査や補助金を介する関与、法に基づく監督等があり、認証評価もこの範疇に入るだろう。しかし、このような行政の関与は、「私学の自主性」の理念に基づいて、例外的、抑制的に用いられるべきものであるから、私学のガバナンスとして大事なのはもう一つのチャンネル―私学が自主的に構築するガバナンスの仕組みである。

これは、理事会、評議員会、監事など学校法人の管理運営機関の構成や権限等に工夫を加えて、公共の意思が経営に反映されるようにし、それによって経営責任者の専断と独善を抑制し、公共性・効率性が適切に維持されるようなメカニズムを自主的に構築することである。平成十六年の私学法改正は、このような工夫を促すものであるが、その内容は既述のように現状に配慮した最小限のものであり、個々の法人の実情に即して更に先進的なガバナンス改革に取り組むことが期待されていると言うべきであろう。

まだ稀な例であるが、理事会メンバーの殆どを外部理事とするとともに、意思決定の権限については、基本的事項以外は執行役員会（常務理事会）に委ね、理事会は業務執行の監視機能を重点としている学校法人もある。アメリカ型の理事会と言えると思うが、公共性を重視し、社会各層の意志の反映を図ったガバナンスの在り方として一つのモデルを提供するものであろう。しかし、日本の組織風土の中で真に公共の立場から発言できる外部理事をどこまで確保できるのか、それが難しければかえって理事会を無能化する恐れもある。

また、大学の関係者や社会各層を代表する人々で構成される評議員会は、ガバナンスの観点から重要な機関である。その委員構成や運営については、個々の大学の特色、個性に即して私学法を超えた工夫を検討する必要があろう。

・創設者（寄付者）によるガバナンス――「建学の精神」が私学の理念として重視され、尊重されるのは、それが私学の持つ「教育の自由」の発現だからである。国公立学校は公費で維持されるところから普遍性が必要であり、その教育事業には公平性、中立性が厳しく求められる。

私的に維持される私学は、その意味での制約が国公立より少なく、一定の公教育の枠組みの中で個人の教育理念の実現が可能であり、「宗教教育の自由」はその重要な一つである。そのような「教育の自由」を持つことが私学の特色であり、存在意義である。だからこそ私学には独自の特色と教育理念が期待されるのであり、大学の設置に当たって「建学の精神」を定める慣行もそこから生まれたものと考える。

これが経営の基本軸として、また教職員の行動規範として維持され、実現されていくためには、これをより具体的な使命・目標として策定するとともに学内に周知し根付かせる普段の努力が不可欠である。そのためには、創設者または創設者の意志を理解し引き継ぐ人材が経営に一定の影響力を持つことが必要な場合もあろう。

俗にオーナー系と呼ばれる大学は多いが、それがこのような意図に出たものであれば、それは私学の公共性を高め、社会の信頼を維持する上で有意義なガバナンスの仕組みになる。反面で、単に経営の閉鎖性と不透明性につながるようなものであれば、それは私学に対する社会の信頼と支持を危うくするものでしかないだろう。

・教員によるガバナンス――マネジメントには全体性と戦略性が必要と言ったが、これは伝統的な学部教授会中心の大学運営が最も不得意とするところである。そのため、最近の大学改革の論議では、教授会は改革の足かせとして否定的に論じられる運命にある。しかし、教育研究の主役は教員であり、大学の教員集団が持つ専門的な知識・

経験の集積は大学の最も貴重な資源である。大学の経営にこれらが十分に活用されないことは大きな損失であり、トップ・マネジメントが強化されればされるほど、経営と教学とのコミュニケーションの密度を高め、ボトムアップの活性化を図る必要があろう。

6　私学のガバナンスの多様性

私学のガバナンスはどのようにして構築されるべきか。まず大前提は私学の自主性と公共性の理念を基盤とすることである。その上で、私学のどのような関係者が、どのような仕組みを通じて経営とコミュニケートすることが、適正な経営の意思決定を保ち、効率性と公共性を高めることに貢献できるか、これが課題であろう。

経営におけるガバナンスの理念の重要性は会社であろうと大学であろうと変らない。しかし、どのような関係者か、どのような仕組みか、と言う問題になると、株式会社と大学とでは共通性が少ない。ステークホルダーと言う幅広い概念も私学のガバナンスにとってどこまで有用であるのか疑問である。私学の特性に即したガバナンス理論の構築が待たれるが、私学の特性は個性・特色の多様性にある。まずは個々の学校法人が個性・特色を生かしたガバナンスの仕組みを工夫し、優れた事例を積み重ねていくことが大事だと思う。

第2節　私立大学ガバナンスの現状

1　大学の経営問題、焦点は何か

（1）国立大学の場合

高等教育市場の長期的な縮小傾向によって、売り手市場から買い手市場へと激しい市場の変動が続いている以上、大学経営の姿勢や理念が大きく変貌するのは当然のことである。しかし、今の大学経営の変貌は単に市場への適応というだけではない。これに加えて行政改革、規制改革など、政府の大方針からの大学改革への強い圧力があり、これらの相乗効果が大学経営のあり方をゆり動かしている。

とはいっても、経営改革の動きの中心は国立大学であり、その法人化をめぐる動きである。国立大学の経営理念を一挙に揺り動かしたのは、二〇〇一年六月の「大学（国立大学）の構造改革の方針」（いわゆる「遠山プラン」）の公表だったように思う。これによって国立大学法人化の方向が既定路線となり、同時に「民間的発想の経営手法を導入」し、「経営責任の明確化により機動的、戦略的に大学を運営する」という経営改革の方針が打ち出された。これは伝統的な教授会中心の分権的な運営を一八〇度転換するものであるが、これに対する国立大学の反応は不思議なほどに静かだったというのが、少なくとも外から見た印象であった。すでに法人化後二年を経た現在では、学長中心の集権的な体制へと革命的に変革した経営のあり方に対して、原理的な拒絶反応も少なく、国立大学の組織文化は根本的な変貌を遂げたようにさえ見える。

今の国立大学の経営問題は、最高経営責任者（CEO）となった学長のリーダーシップの下で、大学の使命・目標の実現に向け適切な意思決定と執行管理の体制をつくりあげること、つまり効率的なマネジメント体制の構築である。

（2）私立大学の場合

私立大学の経営問題の焦点は何か。にわかに自立的な経営体となった国立大学の問題と全く違うのは当然のことである。戦後の学制改革以来、私立大学は国の政策的な枠組みよりは高等教育の市場に軸足をおいて独自の発展を遂げてきた。したがって、市場への感度はもともと高く、カリキュラムや学生サービスなどの「教育改革」においては国立大学に一歩先行していた。

もとより私立大学は多様性が持ち味である。経営の体質やシステムも歴史・沿革、規模等により、また創設者の教育理念によりさまざまであり、一律に議論できる問題は多くはないし、一般的にいって、外部環境の変化に対応すべく、経営責任者のリーダーシップも確立しているケースが多いといってよいように思う。一八歳人口の急減期を迎え、受験生の動向を踏まえて組織の改組・再編、名称変更などが活発に行われたことは、多少の問題点もあるが、戦略的な経営努力の現れと見るべきだろう。

競争的環境の一層の激化が予想される以上、私立大学もマネジメント体制の強化が必要であることはもちろんであるが、国立大学がまったく初めて「経営」の思想をとり入れようとしているのとはおよそ事情が違う。国立大学は伝統的な管理運営から新しいマネジメント体制へと同じ方向性を持った改革が進められようとしているが、私立大学の経営改善には一律の処方箋はない。今の論議は、トップマネジメントの強化がもっぱら焦点になっている観があるが、ボトム・アップの活性化こそ必要なケースもありうる。個々の大学の個性・特色や諸条件にマッチした経営のあり方を模索することが大事であって、国立大学の動向に引きずられた画一的な議論は無用だと思う。

（3）規制改革と私学経営

高等教育市場の競争激化を理由に、経営力の強化を促す発言が多いが、政府が政策的な立場からそれをいうことは筋違いでもあり、無責任の感もある。経営力を強化してもパイは大きくならない。コップの中の競争が激しくなるだけである。政策に期待されることは、生涯学習化のための条件整備を進めてパイを大きくすることか、過度な競争化による弊害——経営破綻による教育の不安定、教育・研究の劣化、不適正な経営行動等——を避けるよう、ある程度の需給の調整を図ることなどであろう。長期的な高等教育市場の縮小による需給アンバランスの拡大を見通しながら、設置の自由化により一層の供給を促すという政策の不整合を放置しておいて、経営力、競争力の強化を促すという政策は理解しがたい。

今の規制改革では、競争による質の向上のみが強調されているが、適度の競争はメリットを生む反面、過度の競争はデメリットも大きい。自由化を進めるときには、競争の圧力が事業者の反社会的な逸脱行為を生まないように、ルールの整備や監視の強化が必要である。規制改革推進論者は規制のコストのみ強調し、自由化のコストを無視しがちであるが、最近では、企業の社会的責任が問われる問題がいくつか続き、規制改革のマイナス面にも世論の注意が向き始めているように思われる。

規制改革が進んでいる高等教育の世界でこのような事態が起こらないことを望みたいが、気になることはいくつかある。私立学校法改正（二〇〇四年成立）の審議が始められた当時は、一部の私学での経理の不正処理が世間を騒がせたが、この二、三年は、設置申請等にからむ不適切な事例が多くなっている。とくに二〇〇六年度開設予定の大学・大学院等の審査では、大学院大学関係が過去最多の一二件あったが、そのうち認可になったのは七件のみ、他は取り下げや不可という異例の事態であった。

審査結果の答申を提出するに当たって、大学設置・学校法人審議会会長が異例のコメントを出されたが、その中で、「総じて準備不足の傾向が顕著であり、教員組織や教育課程などの内容、施設、設備などの態様の面で、大学としてふさわしくないといわざるを得ない案件や、強い疑義の生ずる案件が見られた」とし、更に申請書類について「虚偽の内容を含んでいたり、その真実性が強く疑われるような事例が相次いで発生したことは、大学運営に関わる者のモラルが問われる問題であるとともに、設置認可制度の根幹を揺るがす問題である」として強い遺憾の意を表明している。

学問と教育の場である大学で不正が目立ち、社会の信頼を損なうようになったとしたら由々しい事態である。最近になって、企業の「コーポレート・ガバナンス」に倣って、大学経営にもガバナンスという言葉が使われるようになったが、その背景にはそのような大学の公正性、信頼性への不安があるのではないだろうか。

私立学校法一部改正の趣旨について、政府の説明では「学校法人が近年の急激な社会状況の変化に対応し、さまざまな課題に対して主体的、機動的に対応していくための体制強化を行う」ためであるとしている。つまり経営力の強化がねらいだとしているが、この改正を審議した大学設置・学校法人審議会学校法人分科会の学校法人制度改善検討小委員会では、当初「私学のガバナンスの強化」をテーマとしていたと思う。

この小委員会の最終報告では、「はじめに」の中で「私立学校法の精神を維持しつつ、学校法人の公共性を一層高めるとともに、自主的・自立的に管理運営を行う機能を強化する」ことが重要課題だとしており、経営力の強化の前に、まず私学の公共性維持の重要性を強調していることがうかがえる。また、改正の内容を見ると、執行体制の強化も含まれているが、重要な部分は、意思決定機関と業務執行体制とその監視体制など、各機関それぞれの責任分担と権限の明確化ならびに相互チェックの強化など、ガバナンスの視点からの改善が占めているのである。

経営の改善に関して私立大学に共通する重要問題は、マネジメントよりは公共性維持のためのガバナンスの強化にあると思われる。

2「私立大学のガバナンス」とは

本節のテーマである「私立大学のガバナンスの現状」に戻る前に、「ガバナンス」の意味内容を確認して置きたいと思う。私学の経営に関して「ガバナンス」という経営学の概念、用語が盛んに使われるようになったのは、比較的最近のことではないかと思うが、その意味するところは未だ十分に熟しておらず、曖昧に使われていることが多いように思われるからである。

企業の「コーポレート・ガバナンス（企業統治）」は、経営の効率性を保つための「経営者に対する規律付け」をいうものと理解している。企業の場合、株主が多数に分散すると企業の所有と経営の分離が生じ、株主など利害関係者（ステークホルダー）の利害が経営に反映されないようになる。そこで株主等の利害が経営に反映されるような組織的メカニズムを構築することによって、経営の効率性が確保されるよう経営者を規律付けようというのが、企業統治の考えである。しかし、株式の所有形態は国により違いが大きいし、ステークホルダーの範囲もしだいに広く考えられるようになって、企業統治の考え方は多様に変化し、発展しているようである。

このような企業統治の概念を学校法人にそのまま援用することは可能だろうか。まず、「経営者を規律付ける組織的メカニズム」という意味で、この概念は私学経営に関しても重要な意味を持つだろう。ただし、この場合の組織的メカニズムの目的は「効率性」だけではなく、前述したように、「公共性」こそ重視すべきだと思う。

もう一つの「ステークホルダーとの利害の調整」を経営者の規律付けのメカニズムとすることに関しては、これをそのまま私学経営に援用することはむずかしいように思う。なぜなら、企業は利潤追求が目的であり、ステークホルダーとは経済の原理で結ばれているのに対して、学校法人の場合は、その財産は公共の財産である。目的は公共の実現であって、経済の原理は学校法人経営の支配的な原理ではない。寄付者、教職員、学生、地域社会等の関係者をつなぐ一つの原理はなく、これらをステークホルダーという一つの概念でくくることは、私立大学のガバナンスの構築にとってあまり意味を持たないのではないだろうか。

学生は大学の使命・目標である教育の対象者である以上、経営責任者をトップとする使命・目標達成のマネジメント体制の中で、そのニーズや満足度等の実態を把握することに最重要の位置づけがなされるべきは当然であるが、教育の供給者である教職員とともにガバナンスの観点からこれをステークホルダーとして見ることに、どういう合理性があるかは理解しにくい。

また、企業統治の場合、最大のステークホルダーは企業の所有者である株主であるが、学校法人の場合、所有者は存在せず、強いて求めるなら「社会・公共」そのものが所有者ということになるだろう。もう一つ、重要なステークホルダーとして、創設当初の寄付者であり俗にオーナーといわれる立場の人々がいる。「社会・公共」とオーナーとの利害をどのような仕組みで経営に反映させ、調整するべきか。ガバナンスのメカニズムとしてこれもむずかしい問題になる。

「経営者を規律付ける組織的メカニズム」としての私立大学のガバナンスは、経営の「効率性と公共性」を確保する上で非常に大事な意味を持つ。しかし、どのようにしてそのガバナンスを構築するか、さまざまな立場の利害関係者が、どのようにガバナンスのメカニズムにかかわるべきか、その理論構築はまだこれからのことだと思う。

ここでは「ガバナンスの現状」という与えられたテーマに応えるべく二つの問題について述べたい。一つは前述した私立学校法の改正による「ガバナンスの強化」であり、いま一つは建学の精神による「公共性のガバナンス」についてである。

3　私立学校法の改正によるガバナンスの強化

前記の学校法人制度改善小委員会が、約一年の審議を経て、二〇〇三年一〇月に「学校法人制度の改善について」の報告をまとめた。その冒頭にある「はじめに」では、この報告の趣旨について「すべての学校法人が共通に備えておくべき要件は何かという観点から検討を進めた」としている。そして審議の結果として報告に盛られている提言のほとんどは学校法人のガバナンスの強化を目標にしたものである。そのことからも、私立学校法が私学の理念として掲げてきた「公共性」の維持と、私学の公共性に対する社会からの信頼の確保ということが、今の私学経営にとって最も大きな課題であるという認識が底流にあったものと理解できる。

ガバナンス強化のための提言の基本的方向は、学校法人の基本的な管理運営機関である理事会、監事、評議員会それぞれの役割分担と責任・権限の明確化ならびに相互チェックの強化であり、さらに財務情報の公開である。以下にその提言の主要な内容をたどりながら、私立大学のガバナンスの現状について考えてみたい。

（1）理事制度の改善

①意思決定と執行の分離

今回の改正によって、理事会の設置が法定化され、その責任と権限が明確化された。それと同時に、従来は原則として理事の全員が代表権を持つものとされており、寄付行為で代表権を制限しても制限の内容を登記することはできず、第三者には対抗できなかったのを、原則は理事長のみが代表権を持つものとし理事に代表権を与えた場合はこれを登記できることとした。

従来から大学法人のほとんど（九〇・五％*）が寄付行為により、代表権を理事長および理事の一部に集中している。また、平均すると常勤は理事の約半数強（五三・六％*）で、他は非常勤であり業務執行には関与しないと思われる。なお、特定の業務に専念する理事（いわゆる担当理事）を置いている大学法人は全体の六・三％（二〇〇一年一〇月現在、文科省調査）であり、まだ事例は多くはない。最近では、理事でない執行役員を置く例もごく少数ではあるが出てきている。

このように、今回の改正にかかわらず、従来から、意思決定機関としての理事会と執行体制の分離はある程度進んでいたと思われるが、理事会の法定化と代表権制限に第三者対抗権が与えられたこと、および理事会の業務執行理事への監督権を明確にしたことは、理事会と執行体制の役割分担と責任・権限の明確化を進める上で大きな意味があろう。

②外部理事の導入

理事のうち最低一名は、外部から選任しなければならないこととされた。これは外部社会とのコミュニケーションを図って意思決定の公正と適切性を保とうとするものであろう。同時に、外部理事の割合を増やすことは、上記の意思決定と執行の分離にもつながることである。しかし、現在すでにほとんどの大学法人（九九・一％*）が外部理事を置いており、今回の改正がどの程度外部理事の増加につながるかは未知数である。

（2）監事制度の改善

監事は学校法人の内部統制のための重要な機関であり、その職務の独立性を保つことが重要である。このためその選任方法等についていくつかの改正が行われた。まず、従来監事の選任が監査される立場の理事会だけで行われる例もあったが、これは不適切なので、今回、評議員会の同意を得て理事長が選任することとした。このほか、監事と評議員との兼職を禁止し、また監事のうち最低一名は外部から選任しなければならないこととした。また監事の職務への責任感を強め、職務の実効性を高めるため、監事報告書の作成とその理事会および評議員会への提出を義務付けた。

監事のような内部の監視機関は、日本的な組織風土の中では職務の実効性を発揮することにかなりの困難を伴う。実態は、名誉職的に扱われることも多く、勤務形態も非常勤が殆どで、一名以上の常勤がいる大学法人はごくわずか（全体の三・八％*）にすぎない。監事の専任化や支援体制の整備など、その職務体制の強化について、さらに検討の必要があろう。

（3）評議員会制度の改善

評議員会は、理事会における業務の決定に対して、学校法人の職員や卒業生をはじめとする幅広い関係者の意見を反映させ、公共性のためのガバナンス機能を果たすことが期待されている。改正ではそのチェック機能を強化するため、①理事長は、事業計画についてあらかじめ評議員会の意見を聴かなければならないこと、②前年度の事業実績について報告し、意見を求めなければならないこと、などを定めた。

（4）財務情報の公開

学校法人が業務の状況の透明性を高め、社会に対する説明責任を果たすことは、公共性の高い法人としての義務であるとともに、社会からの信頼を得て事業を発展させてゆく上でも不可欠なことである。従来から情報公開法に基づく開示をはじめ、自主的な努力が進められており、二〇〇三年一〇月現在で大学法人の九七・三％が財務状況を公開し、公開している法人の七六％はすべての財務諸表を公開している（文科省調査）。今回の改正では、私学助成の有無に関係なく、在学者その他の利害関係者から請求があれば一定の財務諸表を公開しなければならないこととなった。

今後も開示する法人は年々増えるであろうが、開示の内容や方法にはなお工夫の余地が多く、公共性のガバナンスの焦点となる問題だけに、一層の努力が期待される。

（＊は二〇〇三年七月一日現在、文科省調査）

4「建学の精神」とガバナンス

最後に、私学のガバナンスの強化に、「建学の精神」が果たすべき役割について述べたい。

私立学校法は、私学の理念として自主性と公共性をうたっているが、この公共性の理念は、今いくつかの複合的な理由からその根底が揺らいでいるように思われる。一つは、大学の大衆化、ユニバーサル化に伴ってグローバルに進行しつつあるサービス化、市場化といわれる大学の変化である。この変化は、大学教育を需要と供給の関係による私的な消費財とする見方を広める。これに加えて、目下進行中の規制改革の動きは、高等教育政策にできるだけ市場原理を取り入れようとしており、政策自体が結果的に大学教育の公的な性格を弱め、私的なメリットのためとする見方を強めているように思われる。

私学の公共性は今危機にある。そして、公共性の危機は、高等教育市場の縮小以上に私学にとって根底的な危機を招くに違いない。加えて、過度な市場競争が大学の不適切な行動をさらに誘発するとしたら、私学に対する国民の信頼と支援はどうなるだろうか。私学は公共性を抽象的な理念として掲げるだけでなく、私学が公共性を目指すものであることを見える形で表し、具体的な行動で示すよう努力を続ける必要がある。

ここでいう公共性とは、社会・公共の福祉の実現をめざすものであることを意味するが、その反面としての、社会のルールや倫理を守る行動の公正性も、公共性の概念に含まれるべきものと考える。私立大学が、このような「公共性」を社会に表明し、社会の信頼を得る上で最も重要なことは、その大学が何を自らの使命とし、事業の目標としているか、経営責任者をはじめ教職員が何を行動の基準としているかを示すことであり、それがミッション・ステートメントの役割である。建学の精神および使命・目標等がこれに当たる。

「建学の精神」を定めることは、私学の特色として定着しており、創設者の教育理念を伝えるものとして経営の柱となるべきものである。しかし、一般に深い含意を持つ反面、短文であり、幅広い理解を得るためには説明不足の感がある。また創設後の歴史によって磨かれ発展する面が少なく、時代的なズレを感じさせることもある。

ミッション・ステートメントとしては、建学の精神と併せて、これを基本としつつ、どのような人材の育成を目指すのか、そのためにどのような教育を行うか等の具体性のある内容を「使命・目標」等として明文化する必要があろう。この使命・目標が、経営の意思決定に実効的な影響を及ぼすためには、その策定のプロセスに利害関係者がどのように係わるべきか、これらは私学独自のガバナンスの在り方として今後の研究にまたなければならない。

第3節　私立大学の基本理念再考

1　学校法人と「安定性」――学校法人の理念は変質したか

(1) 学校法人と「安定性」の理念

大学の提供する教育サービスの特徴は、何よりもサービス内容が長期にわたるところにある。大学院も含めればその年限はほぼ一〇年になるし、卒業後も母校として支えになることが期待される。さらに地域との社会的・文化的つながりは永続的なものである。このような性格を持つ大学の経営に求められるものは経営の安定性・継続性であり、学校法人の理念として、自主性・公共性とともに安定性が挙げられるゆえんである。

この安定性の理念を実現するためには、何らかの制度的保証が必要である。大正七年の大学令によって私立大学が生まれた当時、それは財団法人の基本財産であった。私立大学の設置者たる財団法人は、「大学を維持するに足るべき収入を生ずる基本財産」を有しこれを国に供託することを求められた。しかし、この要件を満たすことは一般的に極めて困難であり、運用の実態には曖昧な面が多かったようであるが、少なくとも安易な設置の抑制効果はあったものと思われる。

　戦後は、この「基本財産の供託」制度は廃止され、代わって学校経営の安定性の保証に寄与してきたのは「校地・校舎の自己所有」という設置認可の要件であった。とくに、校地については、当初「校舎基準面積の六倍以上」とされ、この基準については、大学の立地条件によってはかなり厳しい要件と認識され批判もあった。反面、ゆとりのある土地所有が経営の危機をしのぎ、さらには拡充・発展の資源となるケースも多く、私学経営の安定性の面での意義は大きかったと思われる。

（２）規制改革と「安定性」理念の変化

　その後、第一次ベビーブーム世代による入学志願者急増への対応として大学の収容力増の要請が高まり、さらに規制緩和政策の圧力も加わって、設置認可基準の緩和が進められることとなった。その結果、校地面積の基準は以下のような経過を辿って急速に軽減されたのである。

●校地基準面積の緩和：▽校舎面積基準の六倍から三倍へ…平成一〇年閣議決定「規制緩和三ヶ年計画」、▽三倍から学生一人当たり一〇㎡へ…平成一五年大学設置基準改正

●自己所有要件の緩和：校地基準面積の二分一以上の自己所有から校舎面積相当分以上の自己所有に…平成一五年審査基準改正

●構造改革特区の例外：自己所有が困難と認定されれば校地・校舎とも全部借用で可…平成一五年文科省令

●特区特例の全国展開：特区の特例であった校地・校舎の全部借用を全国的に認める…平成一九年審査基準（借用期間は原則二〇年以上の保証、但しやむを得ない場合は修業年限相当年数以上の保証で可）

戦前において学校は財団法人であることとされた思想を引き継いで、戦後の学校法人は経営の安定性の基盤を校地・校舎の基本財産としての維持に置いてきた。そのため校地・校舎の自己所有の原則を定めるとともに、学校法人会計基準において学校の維持運営に必要な資産の金額を保持するよう基本金の制度を設けている。しかし、校地の全部借用にも途を開いたことで、この基本金の制度も次第に空洞化の途を辿るのかも知れない。学校法人は財団的な安定性を放棄し、資金を集めて事業を行い、その利益で債務を返済するとともに新しい事業の展開に充てるという、機動性の半面でリスクの多い営利企業的な行動様式に変質して行くのだろうか。

（3）株式会社の大学参入

校地基準の緩和と並んで、もう一つの「安定性」理念への攻撃は、株式会社の大学設置への参入である。医療、福祉、教育、雇用等の分野では営利企業の参入には関係の業界、団体等の強い抵抗があったが、規制改革特区の制度を活用し、まず特区の特例として楔が打ち込まれた。大学の設置者として株式会社を認めるべきだとする規制改革の論理は、まとめれば大略次のようになる。

▽経済の活性化のために医療、福祉、教育等の分野も民間資本に開放すべきだ。

▽設置者の多様化による競争が教育サービスの質を向上させる。

▽株式会社の活用は教育への資金調達を容易にするとともに、教育サービスの提供を効率化・近代化する。

これに対し文部科学省では、営利を目的とする株式会社が設置者となることは高い公共性を有する学校教育の性質に鑑みれば極めて不適切であるとともに、学校教育に必要とされる安定性・継続性が確保できない恐れがあるなどとして正面から反対を唱えていたが、最終的には総理の強い主導もあり容認せざるを得なかったようである。

平成一五年五月には特区法の改正が成立し、株式会社立大学が制度化され、一六年度から一九年度にかけて七大学（大学院）が認可を受け設置された。これらの大学のその後の状況をみると、運営に問題があり改善勧告を受け、あるいは学生確保の困難などから、早くも学生募集を停止するなど問題が続出した。特区の事業については特区推進本部の評価・調査委員会で実績を評価の上、全国展開することが予定されているが、学校設置会社については未だこの評価は実施されていない。問題の多発から具体の評価は毎回延期されているものと思われる。

（４）安定性理念の再構築を

市場主義に立った規制改革の目からすれば、サービスの向上を生むものは「競争と淘汰」であり、「安定性」は「停滞」と同義で、革新と機動性の欠如を意味するものでしかなかったのかもしれない。規制改革は、教育を経済の目で見ることによって教育の革新に新しい見方を提供するというメリットの面もあったとは思う。しかし、実態的には経済の視点を強調するあまりに教育の視点が不当に軽視されてきたことは否めない。高等教育における規制改革政策の審議過程をみれば、そこには教育界とのノーマルな調整過程を欠いた異常な性急さが感じられる。

いま校地基準の緩和、株式会社の大学参入という規制改革の提起した二つの課題を通じて、学校法人の基本的な理念の一角が、教育界の意向や知恵が十分生かされ参酌されることもなく崩されようとしている。時代の要請に即応する革新と経営の機動性が求められるようになったからと言って、大学教育の安定性・継続性が重要性を減ずる何らの理由もない。むしろ変化の激しい時代だからこそ、学校法人の安定性はいっそう重要性を増し、その理念の再構築が求められていると思う。

2 公共性の危機は私学の危機—公共性と建学の精神

教育学術新聞の新年恒例である、日本私立大学協会の諸先生方による新春座談会に、司会者として参加させていただいた。そこで提起された問題は、私学の経営問題、私学助成、質の保証など、私学にとって基本的であるとともに切実な課題ばかりであり、今、私学が如何に困難な環境下に置かれているかを痛感させられた。中でも、私学の基本理念とされている「公共性」の問題に話題が進んだことには、私学の危機が、私学の存在の根源的なところに及んでいることを想わされたしだいである。

「私学の公共性」は、私立学校法第一条の目的規定と教育基本法第六条の「公の性質」の規定によって制度としては明確にされ、一方、個々の大学としては、大学設置の趣旨であり目標である「建学の精神」が公共性の表明であり主張である。また、設置認可も公共性の理念を支えているものと言えよう。しかし、大学の大衆化とこれに伴う市場化、サービス化と言われる大学の変化は、私学の公共性の理念に対する国民の理解に、少なからぬ揺らぎを与えてきたように思われる。更に、国の構造改革の一環としての大学政策の市場原理主義への偏向は、教育の個人的なメリットの側面のみを重視し、教育の公共的な役割を視野の外に置く風潮を生んでおり、私学の公共性の理念はいっそう風化していく恐れがある。

今回は、新春座談会での諸先生方の議論を踏まえて、学校法人制度の根幹にかかわる「公共性」の危機について考えてみたい。

（１）信頼性の時代

ブランドとか偏差値といった意味・内容の曖昧な尺度に、受験生も大学も振り回されていた時代が終わり、教育サービスの内容の如何が学校選択を左右するようになってきたのは、まだここ十数年来のことであろうか。この変化には、大学審議会の累次の答申による教育重視への誘導の影響も大きかったと思うが、基本のところでは、高等教育への需給の変化による影響が大きかったことも間違いない。このため教育重視が、とかく学生満足度の重視と重なりがちであるが、公教育である以上は、受けたい教育だけでなく与えるべき教育が大事である。私学の「建学の精神」は、そのような公教育としての各私学の独自の教育理念を表明したものであり、それが私学の「公共性」を支えるものでもある。

今、変化が激しく将来への不透明感の強い時代を反映して、公的機関か企業等の民間組織かを問わず、組織としての誠実性、倫理性が問われ、組織の行動に対する信頼性の維持が経営の重要な課題になってきているが、この点では私学も同様であるだけでなく、それ以上である。特に、大学の多様化が著しく、グローバル化も進展しつつある中で、私学が教育研究の運営にあたって、社会の重要なインフラとして「公共性」の理念を維持し、それによって社会からの信頼を確立することはますます重要になってきている。組織倫理、コンプライアンス、インテグリティー、USR（大学の社会的責任）等のキーワードが、大学経営に関連して盛んに取り上げられるようになったことがそれを示している。私学をめぐる環境の困難性が増せば増すほど、「信頼性」は私学経営戦略上の重要テーマとして浮上してくるに違いない。

（2）「公共性」と建学の精神

学校を設立しようとするとき、設立者は、学校設置に必要な私的財産を寄附して公的な財産とするとともに、その財産の使い方として教育研究事業の大枠を定め社会に表明する。そこには、設立者が寄附財産によって実現しようとする独自の教育理念が示されていなければならない。これが「建学の精神」である。したがって「建学の精神」は、財産の寄附行為と一体のものであり、学校法人及び学校の設立行為の重要な要素であるとともに、私学の「公共性」を実質化するための私学独自の仕組みである。このように考えた場合、「建学の精神」のあり方については、次の二つの点に留意する必要があろう。

一つは、各大学の定めている「建学の精神」は概してワンフレーズ的であり、抽象的であり、深い含意を感じさせる名言が多い反面、内外の理解を得るには具体性に欠け、説明不足でもあるものが多い。もう一つは、「建学の精神」は教育をする側の教育理念に基づいたものであり、教育サービスを商品と同視し、消費者満足を第一とする思想とは相容れないことである。学生の個性と興味・関心を生かすことは大事であるが、教育は教育する側の主体性と責任において行われるべきである。したがって、市場原理主義、消費者主権一辺倒の考え方は教育の責任放棄であり、私学の公共性への信頼喪失に繋がるものであろう。

（3）「公共性」の危機

戦後、私学は、教育基本法によって国公立学校と同様に公教育を担うものとされ、更に、私立学校法では私学の公共性の理念が謳われた。私学教育は、単に個人的なメリットのためではなく、社会公共の利益のために行われるのだということが明確にされたわけであり、これによって私学が公共的性格を持つということが、広く国民の間に定着してきたと言えよう。しかし、「公共性」自体は理解されたとしても、その理念としての濃度においては、次第に希薄化する傾向があったように感じられる。六〇年代以降、大学の拡大が急激に進み、大学教育が大衆のものとなって学生の能力・資質の幅が大きくなるとともに大学も多様化し、一部には大学のレジャーランド化といった揶揄も聞かれるようになる。大学の役割として、国家・社会の必要とする人材養成よりも、個人のための資格・能力の開発という面が、言い換えれば、大学教育の公共性よりも私事性が表面に出るようになった。こうして私学の公共性への国民の理解と支持が揺らいでくる恐れがある。

このような私学の公共性の揺らぎを一歩踏み越え、公共性の空洞化と私学の危機を招きかねない動きが存在する。九〇年代に入ってからの大学政策への市場原理主義の導入である。「小さな政府」を目標として公的部門の仕事を民間に移し、事前規制等の政府の関与を排して市場における自由な競争原理に委ねる。このような思想が私学政策に及ぼされると、私立大学の学校法人独占を排して大学への参入を自由化し、消費者の選択の自由を広げ、平等な条件の下でフェアな競争が行われるようにすることが大事で、政府規制による質の保証や設置の調整は不要・有害である。競争の結果、破綻する大学が生じたとしても利用者に選択されなかった大学は存在する必要がない云々とされることになる。既にこのような改革は実施に移されつつあり、この方向に進んで行けば私学の存在理由は「利用者の選択」だけとなり、「公共性」の制度化はまったく意味を失うだろう。私学教育が公共財としての意味を失い、私的な消費財と見なされるようになれば、これに国民の税金をつぎ込む根拠も薄弱になる。私学の公共性の危機は、私学の危機である。

（4）「私学の公共性」の確立を

今の構造改革・規制改革の流れは、いったいどこまで行くのだろうか。一つの原理が一本調子でいつまでも続くほど、人間社会は単純ではないから、いずれは調整の段階がくるものと思うが、最近の郊外大型店の出店規制の復活などは、その兆しであろうか。大学政策に関しても、規制改革・民間開放推進会議の答申で、設置審査の重要性を指摘していたことも、これまでの同会議の動向からしてオヤ？と思わせることであった。私学としては、市場原理・競争原理の活用すべきところは活用しても、行き過ぎた活用については正面から是正を主張すべきだろう。一方で私学の公共性について、社会の理解を得るためにするべきことは多い。情報公開、説明責任、社会貢献、社会的責任の遂行などであるが、ここでは「建学の精神」について、ひとこと触れておきたい。

「建学の精神」が私学の公共性を示すものとして理解されるためには、一般に短文である建学の精神と併せて、これを敷衍し補充するものとして「使命・目標」を別に定めるべきだろう。ここには、大学がどのようにして社会の要請に応えようとしているのか、養成しようとする人材像、そのための教育内容・方法の特色などを明確に示すとともに、これをマネジメント・サイクルに組み込み、着実な実現が図られるようにする必要があろう。私学の公共性への国民の理解と支持を高めるために努力すべきことは多い。これを第三者評価においてどのように扱うか、今後の重要な課題であろう。

第4節　高等教育の「私学化」とは何か──「公から私へ」の変化と政策への課題

福祉国家の終焉とともに新自由主義経済思想が欧米からアジアへと拡がり、各国の行財政のあり方に強い影響を与えている。その基調は「官から民へ」である。この行財政改革の大きな潮流は高等教育も飲み込んで、各国の高等教育改革にも強い影響を与えた。このような新自由主義経済思想の影響とは別に、高等教育にはもう一つのグローバルな変化の潮流がある。高等教育の大衆化、ユニバーサル化に伴う大学観の変化であり、それは大学の「サービス化・市場化」という言葉で代表させてよいかもしれない。この二つの潮流は合流して、高等教育界に大きな混乱と不安を起こしながらも新しい変化の方向が模索されている。この新しい変化の方向を最近「私学化」と呼ぶことが多いが、その内容を整理してみると、それは「公的な要素が減少し、あるいは私的な要素が増大すること」という非常に広い概念になり、これに対して「私学化＝私立学校化」という言葉を当てることは内容を狭く限定しすぎる。ここでは単純に「公から私へ」の変化と捉え、その内容として「私事化」と「私学化」の二つの概念を使いたいと思う。このようなグローバルな時代の流れとしての「公から私へ」という変化の意味内容を明確にし、その変化の方向と問題点を探ることは、高等教育論の深化のために欠かせないことだと思う。

ここでは、わが国の大学について見たとき、一般に言われている「私学化」とは大学のどのような変化を指すと考えるべきかについて、できるだけの整理を試みたい。もとより試論に過ぎず、忌憚のないご批判を頂きたい。

1 「私学化」とは何か

一般に「私学化」といわれている内容はおよそ次の三つ―(1)大学に関する観念の変化、(2)大学システムの外形的な変化、(3)高等教育全体の構造的な変化―に分けられると思う。この三つの変化は「公から私へ」の変化として共通性があるが、それぞれは異質の問題であり、「私学化」という言葉がなじむのは(2)だけである。

(1) 大学教育の目的、使命に対する観念の変化

《大学教育の私事化》大学の目的・使命には公事性(公共善の実現)と私事性(私的善の実現)との両面が常にあるが、どちらがより重視されるか、そのバランスは時代によって変化する。近代国家形成期には大学は指導的人材養成をはじめ近代国家の基盤づくりの役割を担い、国民もそのような公的な役割を担うものとしての大学観を支持してきた。ところが大学の大衆化が進み、若者の大半が大学まで進むようになるにつれて、大学教育は個人的な利益のためという理解が強まり、「公事性」の観念が薄れ「私事性」の観念が強まる。このような変化を大学教育の「私事化」と呼んでおきたい。この「私事化」は大学教育の国家による独占の大義名分を崩し、教育経費の受益者負担の考えにも結びつくなど、「私学化」といわれる多くの変化と深くかかわっているが、大学観の変化自体は国立か私立か

ということとはかかわりの無いことであり、これを「私学化」と呼ぶことは不適当であろう。

《「私事化」が招くもの―大学のサービス化と営利化》大学教育の大衆化は、伝統的な学問の共同体としての大学の性格を変えつつある。大学は知の創造と伝達の場というより、教育サービスの提供と消費の場となり、大学は学生を顧客と考え、学生は消費者意識を持つようになってくる。大学の私事化が先鋭的に進み、公事性が極端に薄れた状況では大学の営利事業化も容認されるようになるかもしれない。株式会社立大学はすでに突破口が開かれている。

（２）維持・管理責任のあり方に関する変化

学校の設置者はその設置する学校を管理し、原則として経費を負担する義務がある（学校教育法第五条）。したがって国・公立であれば公的な維持・管理責任が確立されているのが原則であるが、この原則は経費と管理の両面において曖昧化しつつあり、私的な方向に変化している。結果として国公立か私立かの区別自体が曖昧化しつつある。

《公的経費から私的経費へ》昭和五〇年当時、国立大学の授業料は私大平均の五分の一程度であり、教育サービスの対価性は少なかったが、その後値上げが続き、今では私大平均の六割ほど、人文・社会系ではほぼ同じになっている。授業料・検定料収入は収入全体の一五％になり、病院収入等を含めた自己収入は四四％になる。国立大学の授業料アップについては、国・私の授業料格差の是正が理由とされてきたが、より根本的には大学教育の「私事化」によって、受益者負担の考え方が出てきているのではないかと推測する。法人化後は予算システムが改革され、自己収入の増加を図るよう経営努力が求められており、国立大学の私的な経費への依存度は今後徐々に高まっていくものと予想されている。

以上は国立の問題であるが、私大についても公的な経費負担の充実は難しくなっている。

私学振興助成法が私学助成の目標を経常経費の二分の一としたのは、私大教育の公的役割を認識してのことであった。この法律による思想的バックアップにより補助率は年々増加し、数年後には約三割に達したが、その後補助率は低下の一途を辿っており、今や二分の一目標は雲散霧消の呈である。これはもちろん国の財政事情によることでもあるが、根底には大衆化に伴う「大学教育の私事化」によって、大学教育に税金をもっと注ぎ込むことについて国民の理解が得にくくなっているという背景があるように思われる。私学もいっそう「私学化」しているのである。

《公的管理から私的管理へ》国立大学は法人化によって、大幅な自律性を得ることとなった。従来の人事、予算等を通じての政府の直接的な管理は終焉し、目標による間接的な管理方式になった。これは新自由主義を背景とするNPM＝ニュー・パブリック・マネジメントの思想を根底とした行革的な発想から実施された改革であり、これまでの官庁的なルール重視のプロセス管理を廃し、目標による管理と成果の評価によってより高い効率性を実現しようとするものである。独立の法人としての自律性の実態がどのように推移するか今後の問題であるが、少なくとも形としては、国立大学は大きく私学的な方向に変化したといえる。

官庁方式による大学等の設置を非効率とする考えは、既設大学の法人化だけでなく大学の新設に当たって新しい形態を生むことになった。いわゆる公設民営あるいは公私協力方式などといわれる設置形態である。これらも公的な資源による大学の設置形態が「私学化」したものと見ることができよう。

（3）私学セクターのシェア拡大

もう一つの「公から私へ」の変化として、高等教育全体における私学セクターの比率の拡大を挙げるべきかもしれない。大衆化への国民のニーズに応えるのに国費を投ずるより民間資金による私大の設置を促進するという政策の結果であり、一九六〇年代から七〇年代中頃までのわが国の政策がその好例である。しかし、これは大学の性格論とはかかわらない高等教育全体の規模、構造の問題であり、（1）、（2）とともに一つの変化の潮流として論ずることはそれほど意味のあることとは思われない。

2　大学の「私事化・私学化」に高等教育政策はどう対応すべきか

ここでは二、三の問題点の指摘にとどめたい。「私事化・私学化」の動きには政策的な選択を超えた時代的な潮流を感じさせるものがある。しかし、仮にこの潮流自体は受け入れるとしても、それに伴う問題点は多く、それらを明確に指摘し対応策を検討することは高等教育政策の責任である。

（1）「私事化」は大学の「市場化・サービス化」を招くだろうし、更に「営利化」の動きを刺激するかもしれない。一方で大学という制度に期待されている多様な機能には、国際的な教育研究拠点の形成、学術水準の維持、留学生への対応その他強い「公事性」を要求する領域が依然として多い。どのような高等教育全体の構造をもって、このような要請の多様化に対応していくか。また、大学制度の本体は非営利であるべきであり、非営利と営利の境界をどのように設定するか。これらは高等教育政策の最大の課題である。
（2）国公立大学の「私学化」に伴う一番の問題は、これまでの国公私による棲み分けと競争の秩序が破壊され、高等教育に不安定性をもたらすことである。国公私の存在理由と相互の関係についての的確な政策的判断の上に立って、高等教育の安定的な発展の基盤を再構築する必要がある。
（3）「私事化」、「私学化」の動きは、市場原理の効果的活用により大学の活性化を促す面があるが、同時に大学の多様な機能にとって市場原理は常にプラスには働かない。市場原理の欠陥を補正する政策の出動は不可欠である。国際的な共通性の高い問題であるだけに、各国の「私事化・私学化」の動向とそれぞれの政策的対応とから学ぶべきものは多いはずである。

コラム④　大学はサービス業か？

「大学はサービス業である」という言い方が、ひところ大学のトップの人たちの間ではやっていたように思う。学生の視点に立って大学教育を見直さなければならないと教職員に説き、大学改革の推進にリーダーシップを発揮しようとするとき、こういう言い方は端的で分かりよい表現である。とかく権威主義的だった国立大学の学長がこういう言葉を使えば、それはかなり大胆でインパクトも大きかったに違いない。学長の論説などでも何度か拝見した覚えがある。それがこのところとんと聞かれなくなった。

大学の学生顧客主義がこれだけ普遍化したからには、（少なくとも表面上は）いまさらキャッチフレーズとしての効き目が少なくなったからかもしれない。しかしそれだけではなく、本当の理由は別にあるのだと思う。もともと大学教育はサービス業と呼ぶべきものではないからである。

確かに大学教育もサービス業としての側面がある。しかしそれは業務の形態の話であって本質の話ではない。大学教育の目標は顧客満足ではなく、その大学の使命・目的を達成することである。教育の内容には、学生の意向をくみ取りつつも教育のプロフェッショナル集団である教員組織が責任を持つ。学生は教員の専門性に信頼してその教育サービスを受けるのであって、顧客満足に偏った教育は一時的に人気を得ることはできても、いずれ学生の信頼を失うに違いない。

大学の教育も「価値の交換」の形を取るが、目標は大学の使命・目的にあって、行動の原理は「経済」ではない。近ごろ大学教育を経済活動としてのサービス業と同視して、大学の運営にも市場の判断と選択を重視すべきだとする言説が飛び交っている。大学はサービス業だとする言い方は、こういう物事の一面しか見ない市場原理主義に追い風を送り、株式会社の大学全面参入にも道を開くことになりかねない。そんな危険性を大学人が感ずるようになったのかもしれない。言葉は魔物だ。

「内外教育」（二〇〇五年三月、第五五五二号）

コラム⑤　入試改革―多様化・個性化か標準化か

大学入学者選抜は高校と大学の中間に位置して、高校教育と大学教育の質保証に重要な役割を担ってきた。しかし、個別大学が自主的に行う入学者選抜に委ねた質保証の形は日本の際立った特色であり、国際的には少数派に属する。少数派でも立派に機能していればよいが、高校も大学も、全入化、ユニバーサル化が進み、入試にかつての厳しさが失われるとともに、入試は既に質保証の機能を失ったといわれるようになった。

ここで考えなければならないことは、なぜ日本の入試は質保証の機能を失ったのかである。日本の大学では予てから入試は教育の範疇であり、教育の自主性、大学の自治の理念に包まれてきた。入試を大学の経営に深く関わる問題と捉え、教員だけの仕事とせず、職員の参加が求められるようになったのは、まだ最近のことに属する。思うにこのことが大学入試の在り方を個別大学の利害の中でのみ考え、幅広く大学・高校教育の質保障の視点から見る思考の展開を妨げてきたのではなかろうか。

大学は、大学間の連携協力により、選抜試験の内容に一定の共通性、標準性を与えることができれば、その結果は個別大学の選抜の資料として役立てるだけでなく、高校全体の質保証や高大接続の円滑化に貢献することができる。この場合必要なことは、個別大学の利害を超えた大学コミュニティーとしての社会的責任への感覚であろう。

国立大学の共通一次試験は、高校における基礎的学修の達成度の把握を目標にしたが後には名称も大学入試センター試験となり、国公私を通じてアラカルト方式など個別大学による自由な活用を認めるようになるなど当初の意図は変質したと言わざるを得ない。

いま高校教育の「達成度テスト」の構想が出され、入試改革が改めて中心的話題になっているが、その成否を左右するものは何よりも入試に対する大学の社会的責任感の成熟ではないだろうか。

「内外教育」（二〇一四年八月、第六三五七号）

第４章　認証評価制度の課題

第１節　何が問題か

「今後の課題」に入る前に、まず現在の問題点を整理する必要が当然あるだろう。認証評価の問題というのは、結局は質保証システム全体に関わることであり、質保証システム全体の現在の問題点をまず整理する必要がある。その意味で今日の日本の質保証システム全体が規制改革政策の大きな影響のもとに現在でき上がっていることに、認証評価の多くの問題の根源があると思う。

周知のように、ここ一〇数年の間、規制改革が非常に強い外圧として日本の高等教育に影響を与えてきたわけであり、質保証システムについても、大学関係者の中での充分な議論を経ることなく、経済再生の観点に立った市場主義的な改革が押し進められてきた。その結果、規制改革政策は教育関係にいろいろ問題を残しているが、質保証システムにおいて残した問題が一番大きかったのではないかと思われる。言うまでもなく、質保証の基本・基幹である設置審査体制は大きく様変わりをした。

このように規制改革は教育関係でいろいろな問題を残したが、規制改革の理念自体が悪いのではなくて、メリットもいろいろあったし、それによって改革が進んだ面もかなりあったと思う。しかし、大きな問題は、規制改革の動きが非常に性急で、教育界の頭越しに官邸主導で進められ、大学の関係者とのコミュニケーションを欠いたままに結論が出されたという点にあり、いろいろな問題はそこから起こってきたように思われる。認証評価についても、その基本的な性格をどのように構想するかといったことについての議論が充分に行われたという形跡がない。本質的な制度論が行われないままに結論が先行してきたという点が随分あったように思われる。

そこで、認証評価制度の何が問題かということであるが、一つは、認証評価制度の基本的な性格付けということである。第三者評価制度というものには、いろいろな性格のものがあり得るわけで、これは国によっても違うし、日本の中でも様々な変遷を経てきているところである。第三者評価としては、非常に公的な性格が強い考え方、行政寄りの力でやっていこうという考え方もある。一方、アメリカのアクレディテーション本来の姿で言えば、これはむしろ行政から独立した民間的な力で自主性を持ってやっていこうというのが基本的な性格である。ところが日本の場合、アメリカのアクレディテーションをモデルにしていると言われているものの、認証評価がどのような考え方・理念を持って進められてきたのかが分りにくく、そのことが現在までにいろいろな問題を残していると思う。だから認証評価の問題点を考える場合には、まず日本における第三者評価の仕組みがどのような考え方を持って整備され、そしてどのような問題を経験してきたかという戦後の歴史を一度整理してみる必要があると思う。端的に言えば、ここでの問題点とは、第三者評価制度とは公的で行政的な性格のものか、民間的・自主的なものかという基本論である。

二つ目の問題は、質保証システムを担う複数の主体の役割分担と相互関係である。この主体には、設置基準を定め、設置認可の審査などを行なう「行政」、認証評価を行う「第三者評価機関」、それから自主的な質保証である自己点検・評価を行う「大学」の三者が存在するが、その三者がどういう関係に立つのかという肝心なところがあまり明確に整理されないままに来ているという問題がもう一つある。

三つ目の問題は、上記とも関係のあることだが、「評価文化」ということがよく言われている。しかし、これがどういう意義を持つものであり、これをどのようにして日本の評価システムの中で育てていくかということについて、もう少しよく考える必要があるのではないだろうか。

我が国の認証評価は、まず制度をつくり、約一、二〇〇に及ぶ大学・短大の評価をともかく実施するという前提で始まったわけだが、やってみるとこれが非常に大変で、膨大な資源とエネルギーを要し、大学の教職員に大きな負担を課すものであることが今実感されている。最初から予想されていたことではあるが、「評価疲れ」といったようなことが言われており、これは単に忙しいという問題ではなくて、そのことが評価の質に大変に大きな影を残していくと思われ、システムのあり方自体をよく見直す必要のある問題である。そのとき、第三者評価というものを大学のコミュニティーの中に自主的な文化として根付かせるような方向で工夫することが大事な視点になるのだと思う。

認証評価の基本的な性格を民間的なものと考えるか、あるいは行政的・公的性格の濃いものと考えるか、また、質保証の主体である行政・第三者評価機関・大学それぞれの役割分担と相互の関係をどのように構築するかという問題は、同時に、大学のコミュニティーの中に評価文化をどうやって根づかせるかということを一緒に考えていかなければならない問題である。そして認証評価の今後を考える際の前提になる基本論として、この問題への方針をまず明確にする必要があろう。

第2節　質保証システムの変遷

1　民間的システムとしてのアクレディテーションの導入

そこで我が国の質保証システムがどのように変わってきたのか、最初に簡単に辿ってみたい。わが国での第三者評価制度は、歴史的には戦後すぐに始まった。米軍の占領下にあって、ＣＩＥの指導のもとに、日本にもアメリカ的なアクレディテーションの制度を導入しようとして大学基準協会がつくられたわけである。ところが、日本の場合は文部省による設置審査という制度が同時に動いていたため、それとアクレディテーションとの関係がどうもよく整理がつかない。行政のほうの設置審査の基準というものと、大学基準協会のアクレディテーションのための基準というものがどういう関係になるのだろうか、一つのものなのか、それとも二つのものなのかと随分議論があったようであるが、いずれにしても質保証システムとしての理念は混沌としたままで進んでいったようである。

2　大学設置基準の省令化による公的質保証への一元化

この問題に決着を付けたのが、昭和三一年に文部省の省令としてつくられた大学設置基準の制定であった。つまり、昭和二七年に日本が独立して、ＣＩＥの影響力も弱まった段階で初めて決着がついたわけで、結局は日本の大学の質保証としてアクレディテーションの方式は定着できず、戦前からのチャータリング（設置認可制度）のほうに回帰し、設置認可のための審査が質保証の中核を担うことになった。

それでは大学基準協会のアクレディテーションというのはどういう役割を果たすのか。大学基準協会の定めるアクレディテーションの基準としての「大学基準」は、省令である大学設置基準より一段高い基準であるという見方をしていたこともあったが、その辺は非常に曖昧なままにされ、結局は「大学基準」自体があまり質保証としての実質的な力を持ち得なかったといわざるを得ない。そして、アクレディテーションを導入して民間的なシステムでやっていこうという当初の考え方はガラリと変わり、質保証は公的なものに一元化されていった。アクレディテーションではなくて、チャータリング（設置認可）中心に回帰したということである。

3　公的関与の抑制と民間的質保証への傾斜

その様子が変わったのが、平成三年の設置基準の大綱化であった。これはカリキュラムの自由化と一言でいわれているわけであるが、教育内容についてはあまり法的な基準で縛ったり、行政が口を出したりしないようにすべきだということで、大学のカリキュラムに関しては大幅に自由化された。それと同時に、教育の質保証については各大学の自主的な責任でやるべきだとして、自己点検・評価を大学の努力義務として規定した。チャータリングに一元化された公的な質保証は、この段階では公的な関与を少し制限し、教育の内容的なことについては自主的な質保証に任せようという動きになったということが言えよう。

つまり、ここに来てまたチャータリング中心の考え方が変化した。質保証における公と私のバランスが変わってきた。図式的にいえば、校地とか校舎とか教員数とか、そういうハード面の主として定量的な基準はチャータリングでいく。これらは大学存立の基本的な要件であるから、これは事後に評価というわけにはいかないので事前評価であるチャータリングでいく。一方、教育内容や教育方法といったソフト面については、設置後の運営の問題であり事前評価になじみにくいので、これは自己点検・評価を基盤としたアクレディテーション的な考え方を採ろうという方向が出てきたものといえよう。

平成三年の大綱化のときの考え方というのは、戦後当初からあったアクレディテーションの考え方を引き継いでいて、今から考えても非常に納得しやすい形だったと思われる。平成三年というのは大学審議会の初期であり、臨教審の答申に基づいて自由化・個性化の方向で、大学人を中心とし大学の自主性を踏まえた本来的な形で審議が行われ、その後も答申が出されていったが、この審議会の一〇年間というのは大学改革が非常に安定的な進展を見た時期だったといえよう。

4　再び公的性格への傾斜

それが平成一〇年になると、またガラリと方向が変わる。平成一〇年は大学審議会最後の年であるが、この年に「二一世紀の大学像」という答申が出された。周知のように、この答申の背景には大変に難しい問題があった。行革と関連して出されてきた国立大学の法人化という問題である。一時は「民営化」という言葉が総理の口から出てきたこともあり、そうした動向への対応という観点からも、国立大学の評価のあり方について真剣な議論が行われるようになった。このときは結果として、平成三年のハードはチャータリングで、ソフトはアクレディテーションという公・私の連携による質保証の考え方がまた変わり、公的な性格のほうに傾斜をする結果になった。

つまり、「透明性の高い第三者評価を行うため国立の評価機関を設置」しようということが答申に書かれ、第三者評価を国立の機関でやろうという考え方が新しく出てきた。一方で、自己点検・評価については、「自己点検・評価という形式は、実質的な評価を行う上で限界があり」と書かれている。これは自己点検・評価を基盤とした自主的な質保証ということに対して、この答申はその有効性に疑問を呈していたことになる。

もう一つ、答申は「競争を促進し効果的な資源配分を行うため、きめ細かな評価情報を」ということも言っている。つまり、資源配分とは国の予算配分のことであるから非常に公的な性格があるわけだが、そのための評価も認証評価、第三者評価の役割として考えるといった方向が出された。このときは、これは私学助成にも影響があるのだろうか、私学助成にも評価結果による資源配分が行われるようになるのだろうかということが随分懸念されたが、幸いそういうことはなくて済んでいる。

いずれにしても、ソフト面の評価も大学の自主的な取組みに委ねることについては大変な疑問があるという立場で制度設計がなされ、国の機関として大学評価・学位授与機構ができた。質保証システムの基本理念にそういう大きな転換があったということである。

5 認証評価制度の発足―公的質保証システムとしての一体性の強調

それから、平成一四年に「質保証に係る新たなシステム」という中教審の答申が出され、認証評価という新たな制度が始まる。この答申では質保証についてどういう書き方をしているかというと、「国の事前規制である設置認可制度を見直し」とあり、「国の関与は謙抑的としつつ、官民のシステム全体で大学の質を保証していく」という言い方をしている。要するに「事前規制から事後チェックへ」という規制改革の理念に則っているものであり、事後チェックの役割を認証評価が担うわけだが、答申ではこの認証評価を民のシステムと呼んでいる。官のシステムである設置認可と民のシステムである認証評価とによって、質の保証をしていくということである。ただ、民のシステムとはいっても、答申は全体として両者の公的なシステムとしての一体性を大事にしていることが読み取れる。

この答申の背景には、平成一三年に総合規制改革会議から出された「規制改革の推進に関する第一次答申」があり、これが認証評価制度の答申に全面的な影響を及ぼしているわけであるが、そこではアクレディテーションの導入などにより「監視体制を整備する」という言い方をしている。この第一次答申では、アクレディテーションを「評価認証」と訳しているが、規制改革のセンスでいうと、認証評価とは、設置後の監視体制ということになる。

つまり、これは事前に設置審査で評価したことを事後もきちんと守られているかどうか監視を続けていくという考え方であろうから、事前と事後が非常に一体となったシステムということを規制改革では考えていた。そして、それにかなり影響された答申が中教審から出されて、質の保証システムができたということであろう。従って、少なくともこの総合規制改革会議の考え方というのは「アクレディテーション」という言葉を使っているけれども、大学社会の自主的なシステムである米国型のそれとは思想的にはかなり違うものであり、その影響が現在の認証評価制度にいろいろな面で残されていると思われる。

こうして、日本の第三者評価制度は、民間による自主的なシステムと行政との一体性を持つ公的なシステムとの間を揺れ動いてきたが、これからどちらの方向に収斂して行くのか、行くべきなのか、これまでの経緯を踏まえての充分な論議を必要としている。

第３節　認証評価の基本的性格をどう考えるか

さて、認証評価と設置審査との関係については、中教審から「高等教育の将来像」という答申が平成一七年に出されているが、そこでは設置基準と認証評価との関係について、また新しいことが言われている。すなわち、「現行の大学設置基準等の規定は定性的・抽象的なものが多く、設置審査の具体的な判断指針としては必ずしも有効に機能しにくい面がある」ということだが、確かに設置基準には校地・校舎の面積や教員数をはじめ定量的なものだけではなくて、教育の内容面など定性的な判断を要するものが多い。だから、「今後は、設置基準の性格を設置後の評価活動とも連携させたものとして捉え直していくとともに、時代の変化に常に対応した基準となるよう不断の見直しを行っていく必要がある―答申4（2）（イ）」としている。この表現はやや明確性を欠くが、定性的なものについては、必ずしも設置審査でやるのではなくて、事後の認証評価でチェックするというような考え方が出てきているのだと思われる。

これを整理してみると、「定量的・客観的な評価」は主としてハード面を中心とした大学としての存立の基本条件についての審査であるから、これは事前にやってこそ意味がある。だから、これは設置審査の事項に馴染むし、行政的な評価に馴染む問題である。それに対して「定性的・主観的な評価」というのは、基本的な存立の条件というよりは、主に大学の運営上の規律に関わるような問題である。例えば教育の実施に係る工夫やFD活動などは設置時には実態の把握はできず、大学が出来て動き出してからでないと評価できない。したがって、もともと事前評価には馴染まない。設置基準には、このように性格の異なる基準が含まれているのである。

平成二一年八月の中教審の第二次報告に、他の法令も含めた「広義の設置基準」として、その中身を四つに整理したものがあるので、参考として紹介したい。学校教育法等も含め、広い意味で大学を設置する際の基準と考えられるものを挙げているわけだが、一つ目は「入学資格、修業年限、組織編制」などである。入学資格や就業年限などを強いて設置基準という概念に含めなくてもよいようにも思われるが、これらは制度的な基準である。二つ目は「教員組織、施設設備」などであり、数量的に捉えやすいハード面での基準であって、正に事前の評価である設置審査に馴染む。

三つ目が「教育活動やこれに関連する活動の規範」であるが、これが設置後の運営の規律・基準ということであって、これは設置審査には馴染まない。設置の時点では約束はできるけれども、実態に基づいた評価はできないわけだから、これは事後の評価に馴染む。四つ目が「学生の履修、卒業要件」。これらも制度的な問題であり、設置基準と言うべきものかどうか、少し問題があると思われる。

このような分類でいうと、この中では三つ目の「教育活動やこれに関連する活動の規範」、これに相当するものが認証評価に馴染む基準であると言うことができる。そのように考えれば、規制改革の答申が言っているような事前・事後という問題は、事前の設置審査の際に評価を受けた事柄についての事後の「監視体制」という問題ではなくて、基準の性格による問題である。事前であることが設置審査の本質なのではなく、それは大学として存立するための基本的な条件だから事前にやる。そして認証評価は、事後でなければ評価できないこと、事後に評価するのに相応しい問題だから事後にやるという考え方をした方が分かりやすいのではないかと思う。だから、事前の規制を全部取り止めて、今度は事後でチェックするという規制改革の考え方は大学の評価には適応しない。

このように、平成三年のハードとソフトを分けた質保証の考え方はその後かなり性格の変化を遂げ、全体としては公的な性格へと傾斜しつつあるように見えるが、これからの改善の方向を考える時には、基準の性格が事前評価に相応しいものであるのか、それとも事後評価に相応しいものであるのか、基準の性格によって設置認可と認証評価の役割分担を考えることを質保証システムの基本とすべきであろう。

第4節　大学分科会第二次報告への疑問

認証評価の今後の課題を考えるに当たり、今年の八月に大学分科会から出された第二次報告に提起されている問題点に沿って見てきたが、この第二次報告は、認証評価の基本的性格をどのように考えて制度設計を考えているのかが非常にわかりにくい。

この第二次報告では、認証評価の性格付けについて、設置基準と設置認可審査と認証評価を、公的な質保証システムの一体的な三つの要素であると言っており、我が国の質保証システムは事前規制型、つまりチャータリング中心の仕組みから、「チャータリング＋事後の確認」の仕組みになる、つまり、アクレディテーションとの併用型に転換したということを言っている。その事後の確認というのが非常にわかりにくい。「事後の確認」というと、事前に評価したことを事後で確認するという意味で、設置審査で認められたことがその後も守られているかどうかを確認するという、アフター・ケアの一環だというニュアンスが強いように考えられる。結局これまで述べてきたようなハード面の評価とソフト面の評価という役割分担の考え方ではなくて、やはり規制改革で言っているのと同じような「事後の監視」という役割を認証評価に期待しているように受け取らざるを得ない。

それで認証評価の目的は何か、認証評価で何をやらなければならないかということであるが、これについて報告では「内部質保証の仕組みが備わって、それが確実に機能していることが認証評価で確認されることが重視されなければならない」ということがまず書かれている。要するに認証評価というのは、自己点検・評価をきちんとやっており、それが教育改善のために有効に機能しているかどうか、それを確認することが大事だと言っているわけである。そのこと自体は評価できるが、大事だというだけなのか、それが目的なのか、その辺をもう少しはっきりさせるべきではないかと思う。

また、「質保証を体系的に行っていく観点からは、認証評価において、事後確認の機能に着目した検討が求められる」ということも言っている。これも分かりにくい表現であるが、ただ「例えば、設置認可審査と設置計画履行状況等調査を通じて明らかになった課題等が認証評価に引き継がれ、活用されるなど、設置認可審査と認証評価との一貫性や体系性に関する充分な配慮が求められる」ということが書かれている。こう言われると、「事後の確認」とは、まさに行政と一体になった公的な監督業務と考えざるを得ず、認証評価の基本的な性格をどのように考え、認証評価に何を期待しているのかについては疑問が増すばかりである。

認証評価というものには、大学コミュニティーの中の自主的な仕組みである以上、行政に付随した役割で無く、何か独自の役割分担があるべきだとすれば、それはやはり主にソフト面に重点を置き、定性的な評価にも踏み込んでいくという考え方を取るべきではないかと思わざるを得ない。設置審査でやったことを事後で確認する、はっきり言えば設置審査に従属したような形で、公的な質保証の一環としての役割を期待されるとなると大変具合が悪い。

認証評価がなぜアメリカのアクレディテーションをモデルにしたのか。平成三年当初の考え方のように、アクレディテーションでは教育内容や教育方法といったソフト面の評価を主体として考えているのであれば、それはまさに行政には馴染まない。だからこそ民間的な組織において行なうべく、ボランタリズムとピア・レビューを基本にしたアメリカ型のシステムを取り入れたものであろう。ところが、ハード面の評価が中心となる設置審査の後追いをやるのであれば、それはまさに行政の一環となるわけだが、民間組織である認証評価機関は設置基準等法令の解釈・運用に責任を持つ立場に無いから、結局、評価業務の実施にあたっては関係法令を所管する文部科学省の方針に従い、その指導を受けざるを得ないことになる。行政に従属した形で定量的な評価、客観的な評価をやるということになれば、自主的な民間組織としての認証評価機関の性格とのミスマッチが、やがてはその活力を殺ぎ、機能不全を招くに違いない。

第二次報告が、認証評価制度発足後の質保証システムを「設置基準、設置認可審査、認証評価の三つの要素からなる公的な質保証システム」と呼び、これをもって、事前規制型から「事前規制と事後確認の併用型」に転換したのだとしている意味は必ずしも明確でない点もあるが、認証評価制度の基本的性格を「事後の確認」だとしているものと受け止めるのが自然であろう。しかし、専門分野の研究者・教育者である評価者が、教員の数がどうであるとか、校地・校舎がどうであるとかを評価するというのは相応しい仕事であろうか。法令を守るということは大学の基本的な責任であるから、設置基準をはじめ大学の運営に関する法令を遵守しているかどうかということは自己点検・評価でしっかりと評価すべき事柄であって、認証評価ではそういった機関としてのコンプライアンスのための活動がしっかりと行われているかどうかを確認するということが大事な仕事だと思う。

もし、大学設置基準の内容を大学評価基準の中に取り入れて、認証評価でその遵守状況を直接評価をしていくということになると、定性的で抽象的な判断を要する問題より、法令上の定量的な問題の方が段々と認証評価のメインになってきてしまう恐れもある。そういう意味で設置審査と認証評価との役割分担については、評価する基準の性格と認証評価機関の性格をよく考えて制度設計をしないと、認証評価が上手く機能していく、あるいは上手く定着していく上で障害が生ずるのではないかと心配せざるを得ない。

第5節　これからの質保証の在り方

日本高等教育評価機構では、認証評価の第一クールがそろそろ終わろうとする段階で、評価システムの検討委員会を設けてシステム全体の見直しをはじめており、私もこれに参画している。これは中教審の議論でも同じだと思うが、全体を見直すということになるとやはり制度の本質論に関わらざるを得なくなる。既述したように、認証評価はどのような性格のものであり、評価にかかわる各機関がどのような役割分担をするものか、行政と認証評価と自己点検・評価という質保証の三つの主体の関係をどのように設計すべきかということを一度クリアにしてみないと、第二クールでのあり方を基本的に議論することはできないように思う。

これまで中教審答申等でも、質保証の基本は自己点検・評価であるということが重ねて言われてきたが、現在のシステムではそのことが制度的には必ずしも実現されていないと思う。

周知のように今の認証評価というのは大学が実施した自己点検・評価の結果を認証評価機関が分析して評価をしているが、その関係をどのように考えるのかが問題である。つまり、認証評価というのは、自己点検・評価報告書のデータを使って認証評価機関が各大学の実態を直接評価するのか、あるいは直接評価するのは自己点検・評価の実施状況であって、大学の実態については自己点検・評価を通して、いわば間接的に評価するだけなのか、そこがあまり詰められていなかったと思う。

その結果どういうことになっているのか。現在、認証評価を受ける際に、まず自己点検・評価を行ってもらう訳だが、その場合の自己点検・評価は各大学自身が決めた基準項目でなく、認証評価機関がつくった大学評価基準によって行うのだし、評価の結果についても大学の現状を説明するだけで、基準を満たしているか否かの判定まではしていない。つまり自己点検・評価とは言いながら、認証評価のための点検評価に過ぎず、本来的な自己点検・評価としての実質は備えていないのである。自己点検・評価を本当に質保証の基礎にして行こうとするのであれば、認証評価を受けることを通じて、自己点検・評価が本来的な形で実質化していくような仕組みを作る必要がある。現在の認証評価のシステムは、自己点検・評価を認証評価の手段化し、その実質化を逆に妨げている面があると思われる。

1　自己点検・評価の自律性と有効性を高める

そういう意味で自己点検・評価の自律性と有効性を高めるということを、認証評価のこれからのあり方としてまず考えなければならない。それが認証評価の責任だと思う。そういう意味で、本来の自己点検・評価にはどういうことが必要なのかということを三点に整理してみたい。

一つ目は、大学の使命・目的及び特性に即して、自主的に自分の大学を評価する場合の点検・評価項目を自分で決めるということがまず必要だということである。大学が自身の責任で行う評価である以上、その評価の基準、評価する項目については大学自身が考える必要がある。

二つ目は、社会に対して説明責任を果たすこと。果たすべき説明責任は、大学自身の責任である。大学として説明責任を果たせるように客観的で透明性のある評価を行って、掲げた基準項目に即して、それをどのように満たしているのか否かを公表しなければならない。自己点検・評価である以上、自分の基準に則って自分で評価をする、評価の結論を出すということが必要である。

今の認証評価で行われているのは、評価基準は自分でつくった基準ではなくて、認証評価機関から与えられた基準であるから、その基準への適合・不適合の判定も認証評価機関がするのが当然と考えられても不自然ではない。そうであれば、自己点検・評価報告書が「認証評価機関への説明」となり、社会に対する説明責任が充分意識されてこなかったことも、また不自然ではなかったと思われる。

三つ目は、全学的な点検・評価の体制と、その結果を改善・向上につなげる学内の仕組みを構築することである。上記の二点で述べたように、自己点検・評価が本来の自己点検・評価ではなくて、認証評価のための自己点検・評価、認証評価のための手続きとしての自己点検・評価になっている。そして自己点検・評価の結果を説明する先は認証評価機関になってしまった結果、自己改善のためのプロセスであり出発点であるという自己点検・評価の役割も影を薄くしてきたのであろう。

大学から提出される自己点検・評価報告書を分析して、認証評価機関は評価をするわけだが、この報告書の現状は、もちろん一概には言えないが、抽象的で冗長な説明、適切な資料・データの不十分などに評価作業の効率性を妨げられ難渋することも多い。これもやはり自己点検・評価に、本来の自己点検・評価としての自覚が生まれにくいシステムになっているからだと思う。これから認証評価と自己点検・評価の新しい関係をどのように構築していくかということが、今後の認証評価システムの見直しのなかで大きく浮かんでくる問題となるだろう。

2　認証評価と自己点検・評価の新しい関係をどのように構築するか

まず、大学評価基準と自己点検・評価項目との関係であるが、今は認証評価受審の申請があると、まず認証評価機関は、大学評価基準を大学に示して、自己点検・評価をしてもらうが、その時に大学の特色に応じて独自の「評価の視点」を加えるとか、独自の項目を加えるということもできますよと言っている。だが、それは本来の姿と逆転している。質保証の主体は大学であるから、大学が決める自己点検・評価項目に、認証評価の観点からぜひ必要なものを加えてもらうというのが本来の関係だと思う。

各大学が自ら定める評価項目の中に、認証評価の立場から必要な項目を入れることを求めるという関係だとすれば、認証評価機関が考えたことを何でも突っ込むということではなくて、自己点検・評価として当然必要と考えられる基本的、共通的項目で大学評価基準をつくらないといけない。大学評価基準の項目を自己点検項目に含めるよう求めることが、自己点検・評価の充実を支援することに繋がるようでなければならない。少し理屈に走り過ぎているという面があるかもしれないが、そういうことを基本に考えないといけないのではないだろうか。

もう一つ、重要な問題だと思うのだが、これまで認証評価機関としても十分な指導を行ってこなかったことがある。認証評価は自己点検・評価の結果を分析して行うということであるが、その分析の対象となる「自己点検・評価報告書」は、各大学が認証評価向けに書いた説明書になっているのである。しかし、本来は言葉で説明することよりは、自己判定の根拠となる「事実」を挙げることを重視してほしいのである。自己点検・評価の客観性を高める上で最も重要なことである。

この辺についてアメリカのアクレディテーション基準などを見ると、「エビデンス」ということを非常に重視している。「説明はするな、事実を示せ」というのが基本になっている。翻って今の日本では、事実よりも認証評価機関向けの説明を一生懸命に書いている。認証評価の際に、この「説明」をどのように読むかということで大変苦労をする。まず根拠となる事実の提示に重点を置くことによって、評価基準をどのように充足しているかをできるだけ客観性をもって示すことが、自己点検・評価への信頼性を高め、認証評価の効率性を高めるためにも、これから一番大事なところではないかと思う。

3　大学と認証評価機関との関係

最後に、大学と認証評価機関の関係の在り方について考えて見たい。これにはメンバーシップ制度の問題や認証評価後のアフター・フォローなどの問題がある。第二クールを控えて見直しをしている評価基準のあり方と直接の関係はないが、認証評価の役割や目的を考え、大学と認証評価機関との関係を考える上では重要な事柄である。

日本の認証評価制度には非常に特徴的な点が一つあると思う。これは認証評価制度が規制改革の強い影響の下に出来上がったためであろうが、欧米に例を見ない市場型の第三者評価制度になっていることである。市場型という趣旨は、周知のようにアメリカでは全国を六つの地区に分けて、地区ごとに一つの評価機関が置かれてその地区の大学の評価を受け持つことになっており、かつ地区の大学は評価を受けるとともに、評価機関のメンバーシップを持ち、その運営に参画する立場にある。ヨーロッパであれば大学は国立中心であるから、ほぼ一つの評価システムで全体の評価が行われるように、政府主導で統一的に体系化されているのが通例である。

ところが日本の場合は、評価機関はいろいろあっていい、多くの評価機関があって多元的な評価サービスを提供する、そして大学は自分の特色に応じて受けたい機関を選択する。選択の自由のためには評価機関は沢山あったほうがいい、株式会社にも門戸を開くべきだといったようなことを言っているのが総合規制改革会議である。そのような規制改革風の市場型の制度であるから、評価機関と大学の関係というのは、固定的で長期安定的な関係を持たず、そのとき限りの淡い関係である。

アメリカのアクレディテーション機関はメンバーシップ制度を持ち、地区の大学はその評価事業の運営にも関与するという固定的な関係であるから、定期的な評価を受けて、それで終わりというのではない。定期的な評価を受けるほか、評価機関主催の様々な集会に出るとか、研修会に出るとか、定期的な報告をするとか、そういう恒常的なつながりを持っている。

大学基準協会は元来アメリカ型の評価システムを考えて来たわけで、今でもメンバー制を持っている。ところが認証評価制度になってからは、市場主義の視点から言うと評価の対象が固定しているというのはよろしくない、評価機関相互の正当な競争を阻害するという理由から、評価対象大学を固定するようなメンバー制は認め難いということになって、大学基準協会のメンバー制もやり方を変えざるを得なかったと聞いている。しかし、このような市場原理主義的な考え方を一面的な理屈だけで大学評価の問題に当て嵌めることは大変に問題がある。

これからの認証評価の在り方を考える上においてメンバーシップ制によるメリットを活用することについても検討しないと、大学の質保証を支えるような評価機関と大学との安定的な関係の構築や大学コミュニティーとしての評価文化の育成、そういったことがなかなか上手く行かないのではないかと思われる。

以上、日本高等教育評価機構の大学評価基準の見直しについて、その基本的な考え方と改訂の方向性について個人的考えを述べてきたが、評価基準の在り方は即大学の在り方に大きな影響を与える問題であるだけに、試行を含め充分な検証を行いつつ改善が図られるよう期待したい。本格的な実施は二四年度からとなるが、その後も常時検証し、改善をしていく恒常的な体制を整備する必要があろう。

（日本私立大学協会主催・教育学術充実協議会（平成二一年一二月）の講演録に加筆した。）

コラム⑥　「アウトカム重視」の大学評価を考える

アウトカムという耳慣れない言葉が、大学改革の議論の中に飛び交うようになった。アウトカムとは、正確に言えばlearning outcome（学修成果）のことで、学生が学修の成果として身につけた知識・スキル・能力のことである。大学の使命は人材育成であるから、大学のパフォーマンスは「何を教えたか」ではなく、教育の結果として「何ができるようになったか」、つまりアウトカムで評価すべきだ、というのがその論理だ。

以前から大学に対して「出口管理」をもっと厳しくすべきだという主張がある。当然ながら、卒業生を採用する側の産業界からの声が多く、「企業の品質管理と同様に、大学は卒業生の品質管理に責任を持つべきだ」ともいわれていた。しかし、この言い方に違和感を持ったのは、学生は大学の顧客であって、大学の製品ではないからである。

この点で、アウトカム評価にも同様の違和感がある。学生のアウトカムの形成には、大学の教育サービスの質が大きく関わることはあっても、決してそれだけではなく、学生本人の意志と能力、大学以外の多様な学修経験などを抜きにはできない。大学が統制できるのは教育サービスの提供までであって、アウトカムの形成は基本的に、学生本人の自由と自己責任の問題だと思う。

そうだとすれば、アウトカム評価は、大学が統制し得る範囲を超えたもので大学を評価することになって、これはフェアな評価と言い難くなる。これをフェアな評価にするべく、評価方法の研究が行われているが、これはなかなか難しいのが当然だろう。人間をつくるのは本人なのだから。

そもそも大学評価の視点は雇用側、学生、大学管理者らステークホルダーによってさまざまであるのが当然。教育サービスの受け手である学生は教育サービスの質に最も関心を持つだろう。行政や設置者は説明責任上、インプット、プロセスを含め、広い関心を持たなければならない。大学評価は多様な視点を持って柔軟に活用されてよいではないか。

「内外教育」（二〇一二年二月、第六一四五号）

第5章　国立大学法人と私学

（平成一六年六月四日　日本私立大学協会関東地区連絡協議会講演録より）

先ほど、会長の大沼先生、原野常務理事それから小出局長からも、最近の私学の情勢について色々なご心配、ご懸念のお話がございました。これは私も全く同感でありまして、これでいいのだろうかという気持ちを非常に強く持っております。そういうわけで今日のタイトルは「国立大学法人と私学」ということにしておりますが、先ほどのお話のように、この四月に国立大学法人が発足したばかりです。この制度が今後どのように活用され、どういう効果を示していくのか、全くこれからの問題ですが、いずれにせよ私学にとって大きな問題です。ですから、国立大学法人というものがどういう性格で、どういう体質や行動様式を持った法人になるのか、まだ分からないわけですが、分からないというだけではお話になりません。今の時点で考えまして、今度の国立大学法人制度にはいろいろ疑問もございます。これが意図どおりの効果を発揮できるのか。民間的な経営手法を身に付けて、高等教育市場の中に強力に、かつ戦略的に参入してくるのか。国立大学の私学化という言い方をよくするようですが、私学化をして、強力な競争相手になってくるのかどうか。あるいは、新しい制度はできたけれども旧態依然たる体質がそのまま続くのかどうか。このへん全く分からないところだと思います。ただ、いろいろな問題点があって、それが今後の運営にどのような影響を及ぼしうるかという問題点の指摘はできるだろうと思っていまして、私のお話も、そういう点が主になるかと思います。

まず、レジメにありますようにお話を「Ⅰ 大学改革の変質と私学政策」と「Ⅱ 国立大学の法人化は私学にとって何を意味するか」の二つに分けて、初めのところで、今までの改革の流れの全体をつかんで、その中で私学政策がどのようになっていくのかという観点からの話をさせていただき、Ⅱの方で、もう少し具体的に、国立大学法人がどういう性格になりうるのか、あるいは、どういう問題点があって、それが私学にどうゆう問題をなげかけるだろうか。そういったようなことを含めてお話をできればと思っております。

Ⅰ 大学改革の変質と私学政策――「個性化・多様化」から「効率化」へ

それではまず、大学改革の流れということですが、ここ数年来、規制改革、構造改革という流れに巻き込まれる形で、大学改革というのは非常に大きな転換、変質をしていると思います。レジメに「個性化・多様化から効率性と質の向上へ」としてあります。個性化・多様化は耳にタコができるぐらい、従来ずっと言われてきたことです。そういう方向で随分と事柄が進んできたと思います。ところが今は効率性と質の向上。これは行政改革の理念そのものです。質の向上といっても、効率性と切り離せないことですし、なんと言っても行革ですから効率性が基調だといってよいでしょう。それは大事な理念ではあると思うのですが、非常に心配なのは、それオンリーになってきているということです。大学改革というのは、決して効率化だけで考えていいわけではなく、大学のシステム、あり方を考える上におきましては、やはり大学の自主性、教育の自主性、大学の自治、私学の自主性、そういった問題。それから教育サービスを受ける立場から言って、公平性、安定性など従来大事にしてきた理念、そのほか短期的な効率性では計れない多くの問題があるわけです。そういうこととの調和を全く考えないのでは、大変に具合が悪い。それは長い目で見たときに、大変な不安があると思います。そういうことは、多くの人がお感じになっていると思うのですが、意外なことに大学からの強い反発の声というのは聞こえないというのが今の状態です。そこが大変に問題なところだと思います。なぜそうなっているかという話ですが、国立も私学も今は大変な危機感を持っています。これは国の財政事情が非常に難しくなっているということもありますし、それから、高等教育の市場が狭まってきているし、一方で大衆化がどんどん進んで学生の把握が非常に難しくなっているということもある。そういうことで、国立も私立も大変な危機感を持っている。そのため、理念的な問題、遠い将来にかかわる問題に余り関わっていられない、とりあえず当面を切り抜ける策、そこに視点が行きがちであるというところがどうもあるような気がします。今、行革サイドからの大学への働きかけが非常に性急で強制的になってきている感じがしますが、それに対する反発というのが余り聞こえない。それは大学側の危機感が逆に作用しているような気がするわけです。そこが今の問題として非常に心配なところです。

まず、「個性化・多様化」から、「効率化・質の向上」へと変わってきているところを簡単に辿ってみたいと思います。

大学審議会一〇年の軌跡

「個性化・多様化」というキャッチフレーズ、これは何も大学審議会が始まったときからではなくて、もっともっと歴史が長い。一番長くとれば戦後すぐからだと思います。大学審議会ができて、それを正面から取り上げ、非常に精力的に色々な施策を打ち出してきたわけです。ですから、この時からの流れをまず考えてみるということでよろしいかと思います。大学審議会というのはご承知のように、大学問題に特化した常設の審議機関です。これは臨時教育審議会の答申にあったことでして、大学政策については大学人が中心となって、専門的に研究・協議し、政策を提言する、そういう常設の機関が必要であるということで、大学審議会というものを置くことになった。これはやはり大学の自主性、自治というものを大事にした思想だったと思います。それが、行革の流れの中であっさりとなくなってしまった。

最初の諮問というのは一九八七年です。非常に包括的な諮問で、「教育研究の高度化、個性化、活性化等のための具体的な方策について」ということで、検討した課題ごとに逐次答申、勧告をしてほしいということであったわけです。以来この審議会は大変精力的な活動をし、沢山の答申を出しました。どういう考え方の答申があったかというと、改革の手法といいますか、方法論としては規制緩和と弾力化。これは規制緩和という国レベルの流れもあったわけですが、この当時は必ずしもそれに沿っただけではなくて、従来からの個性化・多様化、弾力化という大学改革の流れに沿ったものであり、大学改革というのは基本的に大学の自主的な発想に基づいてやるべきだという思想が根本にあったと思います。大学の自主性と個性を生かし、多様な改革を実現できるように、制度的な制約は少なくしようという自由化の方向であったわけでして、自主性を尊重したソフトな改革手法だったといえると思います。その結果、大学改革というのはかなり目覚ましく進展したという印象ではあります。ただ、その結果が世の中の期待を満足させるような成果を生んできたかというと、それは必ずしもそうは言えないところがあったと思います。

いくつかまとめてお話しますと、一つは大学院改革というのが大変進みました。大学審議会も大学院の拡大に大変力を入れた。ところが、まず量的拡大が先行して、中味の改革とそれに対する資源投資をどうやっていくかというところまで十分に力が及ばなかった。結局は従来型の学部に依存したような形の大学院からそれほど抜け出られなかったために、世の中に期待されたようなプロフェッショナルの養成というところは、そう強くはならなかった。必ずしも産業界の人材養成の期待には応えられなかったと思います。

それから教養改革というのが急速に進展しました。これは平成三年の設置基準大綱化の効果です。あれは決して教養を軽視した答申ではなかったわけですが、その後いちばん進展したのは国立大学の教養部の廃止ということでした。その結果、大学全体として教養が非常に弱くなってしまった。これは大学審議会の意図したところとは大分違った結果でした。大学院改革、教養改革というのは、もちろん私学でも色々な動きがありましたが、かなり国立大学が中心的でした。なぜ、国立大学が中心的にそういう動きをしたかといえば、もちろん理念的な教育論、学問論が核としてあったことは否定しませんが、国立大学の場合にはその実態にもう一つ違う問題があります。それはいわゆる旧制大学と新制大学との格差、特に講座制か学科目制かという予算上の格差の問題がある。これは、学内的には一般教養担当と専門教育担当との格差の問題でもあります。その格差を何とか是正してほしいという気持ちが新制大学と一般教養担当部局には非常に強くて、それがいろいろな改革の動きの大きなモチベーションになっていたということがあると思います。ですから、国立大学では新しい構想の大学院を設置する、また教養部を廃止して専門教育と大学院の課程も担当するというような改革構想の根っこに、できるだけ学科目制を講座制に移行させたいと言う意図が無かったとは言えない。そのことがこれらの改革にいろいろな問題を残した面があると思います。

もう一つ、学生への教育サービスの改革。これが世間から見ても一番改革の効果が挙がってきたし、大学の意識も随分変わってきたなというように見られているところだと思います。ただこれは、審議会の答申や政府の政策的な誘導など、そういったものの効果もあったでしょうが、それ以上に市場原理の作用が大きかったと思います。学生サービスというのをおろそかにできないような高等教育の世界になってきた。どの大学も学生の方をようやく向くようになってきたという変化があったわけです。これは市場原理の作用の方が強かっただけに、国立より私学の変化の方が先行していたと思います。

少し意地の悪い見方過ぎるかもしれませんが、大学審議会一〇年の軌跡として振り返って見たとき、その成果には大学改革を促し、進展させたという面が大変に多い反面で、社会の目から見たとき不十分なところも多かったと言わざるを得ないでしょう。とくに産業界からみると大変不満が多かったのだと思います。たまたま日本は構造不況で、産業界はイライラしていたわけです。技術開発に大いに貢献すべき国立大学がこれじゃ困る。一番気に食わないのは管理運営の非効率である。教授会中心主義でリーダーシップがない。そんなことでは世の中の要請に敏感に対応できるわけがない。人材養成もどうも不十分である。大学院改革といっても、実際に役に立つ専門的な教育がそこで十分できるようになっていない。大学院の学生数ばっかり増やすけれども、卒業生の質にはどうも期待ができない。それから研究面についても、社会の要請に十分応えていない、閉鎖的で産業界との連携・協力に不熱心である、というようなことで、税金で成り立っている大学であるだけに、産業界の不満というのは国立大学にもっぱら向けられたと思います。それで国立大学改革が、産業界の声をバックとし、政府の行政改革の動きの中にがっちりと組み込まれてきたわけです。

大学改革の転機

平成八年に設置された行政改革会議。これは橋本行革です。総理直轄で行政改革会議というのを作って、行政改革を進めてきたわけです。これはご承知のように、基調は政府をスリム化する、政府の仕事を小さくする。そのために民に任せられる事業は民に移す。官から民へという基調の改革が進んだわけですが、その中で郵政三事業とあわせて国立大学が大きな問題として取り上げられた。民営化です。その時、行政のスリム化の手法として、イギリスのエージェンシーというのは面白いじゃないかという発想が出てきて、それを日本版のエージェンシーとして独立行政法人という制度を検討し始めたわけです。

国立大学については当初、民営化といっていたわけですが、独立行政法人化ということもあり得るということで、民営化または独法化を議論しようということになった。それが行政改革会議で表立ってきたのが平成九年です。同じ平成九年の一〇月には自民党の行政改革推進本部でも党の方針としてこれを打ち出しました。これは国立大学にとっては、当時としては考えられもしない大変革です。国立大学協会では独法化反対の意思表明を盛んにやったわけです。緊急理事会を開いて反対の声明を出したり、総会で反対決議をしたりということで、国大協の色々な機関を動員して世間に訴えた。この反対の理由は、色々な言い方がありますが、たとえば平成九年の一〇月に国大協の緊急理事会で反対決議をし、記者会見したときの言葉では「定型化された業務について効率性を短期的に評価する独立行政法人は、多様な教育研究を行っている大学に全く相応しくない」といっています。これは全くその通りだと思います。独立行政法人というのはご承知だと思いますが、今やっている国の行政の仕事を企画・立案の業務と事業の実施業務とに分ける。事業の実施をやたらに行政が抱えているから、これはいくらでも行政が大きくなりうるということで、その実施業務は切り離すという発想です。ですから、主として直接国民に対するサービスの業務がその対象になるわけです。これはイギリスのエージェンシー制度を参考にしていたわけですが、それを国立大学に当てはめようというのは大変乱暴な話だと思います。文部省もこれは大変だということで対応に頭をひねったのでしょうが、平成一〇年に大学審議会が出した「二一世紀の大学像」の答申はこの問題への対応という意味合いもあったと思われます。これが諮問されたのは平成九年の一〇月です。だからちょうど行革会議で国立大学の民営化を取り上げた時期です。その時期に大学審議会で「二一世紀の大学像」の議論を始めた。当時、私は二一世紀の大学像といいますから、これは非常に大きなテーマであって、二一世紀の大学全体の姿というのを描くのであろうと思ったのです。そうであれば、これは早くて二、三年かかるのではないかと思っていましたら、答申は一年で出すのだということでした。実際に九年の一〇月に諮問して、翌年の一〇月には答申が行われています。ですから、これはこういう大きなタイトルにかかわらず非常に性急に始めて性急に結論を出した答申です。それで、これが先ほど「個性化・多様化から効率性と質の向上へ」と大学改革の基調が大きく変わったと言った、その転機になったのが、この二一世紀の大学像の答申のときです。ただ転機になったということで、この時はまだ大学改革が完全に行政改革に飲み込まれたという事態ではなかった。何とか大学の理念を大事にして改革を進めたいという意識でやっていたと思いますが、それでもこの頃から大学改革の様相が大きく変わってきた。

どう変わりつつあったかというと、一つには、大学改革の議論が国立大学改革に焦点化してきたということです。大学改革といえば国立大学の議論ばかりという様相でした。私学については基本的な問題を抜きにして、散発的な取り上げ方だったと思います。改革というのは、国立大学改革オンリーになったという感じでした。

それからもう一つ変わってきたのが、大学審議会以来の自主的な改革、自主性を尊重する改革という思想が随分変わった。改革の考え方が、行政主導になってきた。これは産業界、政府が改革に性急になってきたということと関連があると思います。大学の自主的な改革を待つ、期待するということではなく、政府が乗り出していくという考え方になってきたところがあります。国立大学の法人化はまさにそうです。大学関係者による十分な議論を経ないで方向を決めてしまう。また、私学法を改正して、違法状態に対する段階的是正措置として政府の監督権限を大変に強くした。それから補助金も、競争的な補助金だということで、事業団を通じない文科省直轄の補助金がだんだんと増えてくる。第三者評価も認証評価ということで政府が関与することになった。全体として考え方が変わってきている。自主改革に期待するといったような、ソフトで品のいい改革から、行政主導で直接手を突っ込むような改革に変わってきた。そして中身は多様化・個性化から効率性に変わってきたわけです。

そういう傾向の中で、「二一世紀の大学像」の審議が行われた。答申の項目だけ言いますと、焦点が四つありました。第一は、質の向上。これは、質といっても特に卒業生の質に関心があったようです。出口管理といったような議論が随分されたと思います。いい加減な卒業生を出しては困る、産業界で役に立たないということです。大学は卒業生の質にもっと責任を持つべきだということです。そこで質の向上のためには、大学の単位制の中身をしっかりやれというような改正であるとか、成績評価を厳しくやれ。成績評価をそんなに厳しくすれば、大衆化した大学では卒業できない学生がたくさん出るのは当たり前です。その点は審議会の方でも見通して、留年生がたくさん出るという前提でその対策まで答申しているということでした。これはやはり大学の一部しか見ていない見方だと思います。雇用者である産業界主導の見方だと思います。大学の卒業生であればある程度安心して採用できるようにというのが産業界の望みであることは当然で、学生の品質管理をきちんとやれといったような言い方があるのも理解はできますが、これは大学に対する見方としては一面的すぎる。大学の品質管理というなら、まず学生に対する教育サービスの品質管理の責任が一番大事でしょう。大学の責任は卒業生の質を揃えるということだけではないはずです。

第二が柔構造化。これは自主性の尊重ということですが、単なる自主性の尊重ということよりは、ここでは規制緩和で何でもできるようにしてほしいということです。第三には運営体制の整備。これは教授会中心主義に対する批判です。トップマネジメントを確立すべきだということ。第四が評価システム。この四つのポイントがあったわけです。これは要するにこれまでのような自由化・弾力化ではなくて、行革の理念である効率化と質の向上ということです。ただ、大学独自の理念・考え方というのはかなり盛り込まれておりますし、全体として大変によく配慮された答申だとは思いますが、大学改革の考え方が大きく変わってきているということは、はっきりしていると思います。

それで「二一世紀の大学像」の答申まではそういう状態でした。この答申が行革対策だと言っている人はいないわけですが、答申を読めばそういうことがちゃんと出ています。お読みになった方もいると思いますが、この答申（大学審議会資料三七ページ）にはこう書いてあります。

「以上述べた四つの基本理念に沿って国公私立の大学が大胆に改革を進めていくことが必要であるが、とりわけ国立大学については、……この答申で提言した改革を速やかに実施することが求められている。これにより行政改革会議最終報告や中央省庁等改革基本法で求められている国立大学の改革を実現することになると考えている」

要するに今国立大学改革が問題で、これを早急にやりたいのだと言っているのです。そして、これを実施すれば行革サイドの要求に応えることになるのだから、独法化等の問題はもっと長期的に検討したいといっているわけです。ということで、この答申の性格というのは非常にはっきりしていると思います。そう思って見ないと、この答申が私学について言っていることというのは、非常にとってつけたような話です。二一世紀の大学像という視点での私学の問題というには余りにも大事な基本問題が抜けていて散発的です。このような傾向はその後も続くわけで、このことが私は大変に問題だと思います。

大学改革の構造改革化

その次に大学改革の構造改革化ないしは行政改革化ということです。「大学の質の保証に係る新たなシステム」という中教審の答申、これは大学審議会が廃止され中教審に一本化されてからですが、平成一四年の八月に出されました。平成一三年一二月に総合規制改革会議第一次答申というのが出されまして、これを踏まえて中教審の方で審議し、殆どその通りに答申したのが、この「大学の質の保証に係る新たなシステム」の答申です。

こうなると、これは全く大学改革が行革化してしまったという答申のように思われるわけです。それで、行革の方の第一次答申に何が書かれているかといえば、まず学部設置の大幅な自由化です。それから認証評価制度。国が認証した第三者評価機関による評価でなければ認めないということ。それから、法令違反については段階的にしかるべき是正措置を行政がとれるようにする。それから競争的環境をもっと拡充する。そういうことであって、それはその通り、中教審の答申となり、関係法律の改正等を経て実施されているわけです。この総合規制改革会議第一次答申の教育関係の頭書きに「改革の方向」というのが書いてあります。ここで「事前規制を緩和するとともに、事後的チェック体制を整備するなど、一層競争的な環境を整備することを通じて、教育研究を活性化してその質の向上を図っていくことが必要」と言っています。これは行革そのものの言い方です。そういう観点が入ることは悪いとは思いませんが、それ以外のことは何も言っていません。大学がどうあるべきか、私学がどうあるべきかという議論はいっさい行われず、行革の理論だけで高等教育が論じられているのです。それをそのままなぞって中教審も答申を出している。大学の本来の理念というのは、全く失われてきている。その結果、行革の理論だけでいうと、私学も国立も区別がないのです。ですから、その結論は多分に乱暴で理解しがたいところがいろいろあります。

一つは国立と私学では競争といっても全く意味が違うということです。国公私立を通じた競争をと言っているのですが、国立大学はご承知のように、市場原理の中にいないわけです。これは法人化しても全く同じ事で、国がその維持管理の責任を負っている点は変わらないわけです。私立は自己責任である。本来の競争というのは市場における競争です。国立はそういう競争の中にはいない。そのことが国立大学の活性化を害しているから国立大学にもっと競争をということになるわけですが、私学はそうではない。私学は十分に競争的な環境にいるわけです。高等教育市場が縮小していますから、ますます競争的になっています。なぜ私学がもっと競争をと言われるのか、そのへんが全く分からない。多くの私学が危機的な状況にあります。私学に今必要なことは、競争よりはむしろ安定性ではないでしょうか。

それからもう一つ。国立大学は行政の範疇に属し、内閣のコントロールが必要だということ。従来の国立大学は国の機関ですからもちろんそうですが、法人化されても同じことです。独立行政法人というのは、「行政法人」といっているように、行政の中です。国立大学法人が行政の範疇に属するかどうか、これはちょっと分からないところもありますが、やはりこれは行政の範疇だと思います。国立大学法人というのは独立行政法人そのものではないという形を取りましたが、大枠は独立行政法人の制度を活用しているわけで、行政との法的な関係は独立行政法人と同じです。ですから、性格はやはり行政の範疇と見るべきであって、そうであれば、行政権は内閣に属するわけですから、内閣がコントロールできなくちゃいけない。政府がコントロールできない行政というのは憲法違反です。ですから、国立大学法人になって、大学の自主性が高まると言われており、確かに財務や人事の運営の上で大いに自主性が高まります。しかし、最終的にはやはり政府が管理コントロールをするというのが、国民に対する政府の責任です。政府から全く自立して、民間組織と同じような立場になるということはあり得ないわけです。ですから、法人化してもしなくても国立大学は管理者としての行政のコントロール下になければならない。私学はそうではないわけですから、政府との関係という点で、国立法人と私学との区別を議論しないというのは大変に不可解で、たとえば後で述べるように認証評価制度を国立と同じように私学にも強制するというのはまさにその例です。

国立大学改革に巻き込まれる私学

レジメに、④「国立大学改革に巻き込まれる私学」と書きました。そう言えるような現象があります。行革の圧力が強くなってきた結果、国の機関である国立大学改革が大学改革の中心的なテーマになってきましたが、その半面で私学の基本的な重要問題を正面から取り上げることがなくなった。私学問題は国立大学改革の議論との関連で散発的に取り上げられるだけで、基本論がないからどうも納得しにくい問題がいくつも出てくる。私学問題の基本論といえば、一つは政府の監督権のあり方でしょう。最近いくつか重要な制度改正がありましたが、その辺の基本論についての説明がない。国立大学との並びで安易に結論が出されているように見えるし、なぜそれを今やるのかもよくわからないのです。

まず、違法状態に対する段階的是正措置というのがあります。学校教育法や私学法を改正して、従来は私学には閉鎖命令しかなかったのが、勧告、変更命令と、段階的にやれるようになった。これは行政としては非常にやり易くなるわけです。今までなぜ、そんなにやりにくい方法だったかというのは、理由がないわけではないので、これは最終的な手段を取るほかないような重大なケースについてだけ、法律上の措置を決めてあるということです。それほどのこともない適当な段階で勧告をしたり、変更命令をしたりといったことがないようにしたい。そういうことで、私学団体が大奮闘して、変更命令というのを私学には適用しないようにした。ですから今度の改正は、政府の政策と私学の関係、政府の監督権のあり方についての考え方を大きく転換するものですが、それにしては余り世論の注目もないままにあっさりと行われたという感じです。最近は、文科省のホームページで色々な審議会の議事録を簡単に見ることが出来ます。それでどんな議論があったのかなと思って、中教審の議事録を見ました。しかし、なぜ私学に段階的な是正措置をとったのかということの説明というのはよくわからない。議論されているのは、国立には是正措置があるけど私学にはないということが一つです。それから私学には閉鎖命令だけがあるというのは、もともと法の不備であって、当然是正すべき点を今回手直しするのだという考え方のようにもとれる。そういうものではないと思います。

それから、認証評価制度というのができましたが、これは今までの評価の思想とはガラリと変わったわけです。自己点検を中心として、それに客観性を与えるために第三者評価をする。それを大学の自主的な改善に資する手段としてやってきたわけですが、今度はそれだけではなくて資源配分のためにも使うということです。評価の結果を参考にして資源配分をするということが前提になった考え方になった。アメリカ風なアクレディテーションから、イギリス風になってきた。評価の考え方がガラリと変わったことについては、色々な人が問題にしているようです。これもともとは国立大学の問題から出てきた議論です。国立大学であれば、これは先ほどの話のように国のコントロールというのは不可欠です。ですから、資源配分というのは有効に効率的にやらなければならないし、そのためには、評価ということが行政の責任としてきちんと行われなくてはならないし、最終的に国が責任を取れる体制を作るということからすれば、政府が評価機関の認証をするというのは極めて自然です。ただ、国立がそうしたからといって、なぜ私学もその中に入れてしまったのか、これまでの自主的な評価制度をなぜ急に変えなければならないのか、この点は全く説明不足です。

もう一つ、学校法人のガバナンスが問題になっています。理事会、評議員会、監事などについて、それぞれその機能を強化し、権限を明確にするための法改正が行われました。今、国立大学の法人化でそのガバナンスのあり方が大きく問題になっているだけに、学校法人についても取り上げざるを得なかったのかどうか知りませんが、なぜ今このような改正が必要なのかよく分かりません。私立学校法は、小さな幼稚園法人から大きな大学法人まで包括しているし、私学の法人組織は伝統や性格によって多様で、それぞれに寄付行為で実態に即した工夫をしています。ですから、どういう運営組織が上手くいっているかは世間が評価すればよいし、法律で決めることは最小限がいいと思います。

以上、私学関係の制度改正の動きに対する疑問を述べました。改革というのは、一時は少々乱暴な動きがあって多少の混乱が起こっても、そういう紆余曲折を経てはじめて前に進むという面ももちろんあるとは思いますが、大きな間違いというのは、何十年も続くものです。戦後の学制改革でいくつかの間違いがあったことが、その後になって反省点として随分出てきます。その影響というのは半世紀たった今でも続いているわけです。そういう意味でやはり大きな間違いというのは、ない方がいい。それは食い止めるように努力するのが大学の責任であると思います。そういう意味で、少し考えるべきところがあるのではないかというのが率直な感じであります。

Ⅱ　国立大学の法人化は私学にとって何を意味するか

少し具体的な話に入りたいと思います。レジメにあります「国立大学の法人化は私学にとって何を意味するか」ということです。何を意味するかというのは、国立大学は法人化し、民間企業と同じような経営体として高等教育の市場競争に参入してくる。いわば私学化するわけですが、これは国のバックがあるだけに大変な競争相手になるという認識が私学の間にかなりあります。本当にそうなのかどうかということを少し考えてみたいと思うわけです。

これは今の時点では実態がどうなるか全く分かりません。ただ、国立大学の法人化にどういう問題があるかということを整理してみるのも、今後を考える上での参考になるかと思います。

国立大学法人制度の背景

まず、国立大学の法人化ということが、どういう背景と経緯に基づいて構想されたのかということを整理してみたいと思います。

大上段な言い方ですが、まず、その思想的な背景は何かといえば、いわゆる新保守主義にもとづく行革理念で、レーガンさん、サッチャーさん、中曽根さんの行革トリオと言われた理念です。これは、市場を通じた資源配分を優位におくというのが一つ。それからもう一つは、効率性というのを最も大事な理念とする考え方と言っていいと思います。そこから小さな政府、行政のスリム化、民営化という考えが出てくる。その理論が体系化されたものに、ニュー・パブリック・マネジメント、ＮＰＭと略されているものがあります。公共部門に民間の企業について発展してきた経営の理論を適用していこうという考え方です。これは公共部門といっても主として行政のサービス部門です。国民に対するサービス部門については、役所だという考え方ではいけないということです。それは民間と同じようにサービス業務として考える必要がある。

もう何年も前になりますが、私大協会の調査団としてアメリカに行き、大学でもマーケティングの研究が非常に盛んになってきているということで、いくつかの大学を訪問し勉強をさせていただきました。一つ印象に残っているのは、大学も含めて、そういう公共サービス機関の業務というのは，恩恵や慈善ではない、もちろん強制でもなく、基本は市場の取引と同じ「価値の交換」と考えるべきだということでした。役所の権威で押し付けるものではなくて、価値の交換であると、市場であるということを教わってきたわけですが、ＮＰＭの基本もそれと同じ考え方だと思います。

ニュー・パブリック・マネジメントの基本的な考え方を二つ挙げれば、一つは責任と権限を委譲していく。委譲するからには、文章化して明確にしていくということです。なぜ委譲するかといえば、サービスというのは、なるべくサービスの受け手に近いところに責任と権限があった方がいい。その方が、応答性といいますか、レスポンスが良くなるということです。委譲するからには、委譲するものをはっきりさせる。委譲された実施部門の目標を決めるということです。そして、監督というのは、実施の仕方のルールを決めて統制していくという事前の監督ではなくて、目標を与えたら、それの実施は実施部門に任せる。その代わり実施の結果を事後に評価するという方式です。目標による管理というのが、この新しい公共経営の考え方の一番大事な点です。もう一つが市場原理を活用して効率性と質の向上を図るという、この二点が一番大事な点だと思います。そういう考え方で行政の組織と管理システムの見直しをしようということです。こういう行政改革の思想が「行政の現代化」と称して、アメリカ、イギリスから日本にもやってきたわけで、独立行政法人の考え方というのは、その応用編であるわけです。

一般に日本の大学で「経営」という場合、国立でも、私学でもそうですが、財務、雇用などを中心に少し狭く考えられているように思います。私学の理事会と教学組織との関係とか、それから今度の国立大学法人の経営協議会と教育研究評議会との関係でもそうですが、経営と教学とを二つに横に並べて分担関係であるかのように見ているのは少し問題ではないかと思います。経営というのは、さる経営学者の定義ですが、「目標に対して最少の費用で最大の効果をもたらす戦略的な活動である。」それが経営だということです。要するに全体です。財務も教学も含め、かつ部局の利害を超えて全体を最適に動かしていくのが経営であるということです。それはそうだろうと思います。組織全体の最適な運営に責任を持つのが理事会です。ですから、教学サイドよりは一段上に位置づけられるべきものです。今度の国立大学法人の考え方は、役員会というのを上にして、その下に経営協議会と教育研究評議会がある。教学と経営というのを分担関係として横に並べているわけです。本来の経営の理念からすれば中途半端な経営の位置づけではないかなという気がします。

独立行政法人制度の考え方というのは、行政のスリム化のために事業のアウトソーシングをする、仕事を外に出して行政の減量を図るというわけですが、これはタテのアウトソーシング、垂直的な減量と言われています。これに対し、水平的な減量というのは、民間に出すとか、地方に譲るとかいうことです。垂直的な減量とは、行政を企画立案部門と実施部門とに分け、企画立案部門が管理責任を負うわけですが、その責任の負い方としては、実施部門に目標を与えて実施を委ね、事後にその成果を評価する。実施については全く任せる。それを事前統制のルール型に対しミッション型といっているわけです。事業を任せるに当たって、どういうお金の使い方をするか、どういう仕事のやり方をするかということを決めて、事前に規制をしてやらせるということだと、どうしてもサービス業務としては硬直的になりやすいし、サービスの受け手との応答性もよくないということで、新しい考え方ではミッション型が基本となります。目標を与えて、それによって管理をする。目標、計画、実行、評価というマネジメント・サイクルを考えるということで、とくに評価ということが次の計画にフィードバックされるものとして、非常に大事な意味を持ってきます。

国立大学法人化と独法化と民営化

そういうことで国の機関である国立大学にも独立行政法人の制度を活用しようという方向で検討をされたわけですが、独立行政法人にはならないで、国立大学法人になった。民営化が問題になり、独法化が問題になり、国立大学法人となったわけです。独立行政法人と国立大学法人と民営化が、それぞれどんな違いがあって、どんな関係になるのかということを少し整理してみたいと思います。

法人化の経緯を見ますと、行革会議で独法化が議論になってきた当初、国立大学協会はこれに大反対をした。その状況については既に申し上げましたが、その効果があったのかどうか、行政改革会議の最終報告では国立大学の独法化は見送られたのです。ところが翌年にはそれが復活した。その復活した経緯はよく分からない点もありますが、これは明らかに公務員の定員削減計画と関係がありそうです。一度見送られたのがにわかに復活したわけです。行革会議の最終報告は平成九年の一二月です。当時小渕内閣では独法制度の活用も考慮に入れて、二〇％の公務員の定員削減を表明していましたが、自民党と自由党との政策協議の結果、さらに五％上積みされて二〇％が二五％になったのです。いよいよこれは余程のことをしないと実行できない。国立大学の独立行政法人化をやって、その大きな所帯を公務員から外すことを考えざるをえないという判断が政府にあったことは間違いない。この時期に当時の太田総務庁長官と有馬文部大臣が非常に厳しい議論をしていたと思います。結局は五年以内に検討をして結論を出すというところで折り合ったわけですが、五年で結論を出すというのは、独法化の方向で結論を出すということだったと思います。この問題は、平成一一年四月の閣議決定「国の行政組織等の減量、効率化等に関する基本的計画」で決着したわけです。この閣議決定の中で、一〇年間で二五％の公務員定員削減と同時に、「国立大学の独法化については、国立大学の自主性を尊重しつつ、大学改革の一環として検討し、平成一五年度までに結論を得る。」とされました。

そういう経緯で独法化の方向は決まった。ただ、独法化に当たっては、大学改革の一環として検討して、若干の修正をする必要があるという共通理解が出来ていたと思います。その結果、独立行政法人の修正型として国立大学法人法が制定された。それでどういうところに国立大学法人と独立行政法人との違いが認められたかと言いますと、独立行政法人の長は所管大臣が任命するというのが独立行政法人通則法の規定ですが、国立大学については大学からの申し出を待つということ。それから独立行政法人の中期目標というのは、所管大臣が定めて独立行政法人に与えるということですが、これは所管大臣が管理の責任と権限を持ち、目標によって管理をするわけですから当然です。だけど大学としてはその性格上これではいかにも様にならない、相応しくないということで、国立大学法人の中期目標については、大学が原案を作り、大臣はそれに配慮をして定めるというところで妥協になったわけです。いずれにしても、大臣が大学の中期目標を定めて大学に与えるというところは変わらない。それから、評価。

評価はやはり、政府の方に置かれた評価機関が評価をする。これが一般の独立行政法人としては、行政の中ですから当然の事です。ただこれも大学としては困るので、文科省に置かれる大学評価機関が評価しますが、その前に専門家による評価機関として既に活動しております大学評価・学位授与機構の専門家による評価の結果を尊重しましょうということです。ただあくまでも行政に置かれる評価機関が最終的な評価をするということですから、修正型ではありますが、基本の仕組みは独立行政法人と変わらないといわざるを得ないと思います。

独立行政法人というのはイギリスのエージェンシー制度に範をとってやったわけですが、イギリスではおよそ大学をエージェンシー化するなんていうことは議論にもなっていない。そんなことを考えた人もいなかったのでしょう。大学改革は先進国ではどこでも色々熱心にやっていますが、どうも大学の自主性とか自治ということに対する理解や配慮という意味では、最近では日本が一番欠けているのではないでしょうか。官僚主義で中央集権といわれているフランスでも、大学の自治と国の政策との調和点という意味で、契約制度というのをやっているようです。大学に特別なことをやってもらうという場合には、契約によってやる。それをやるに必要な経費を国が負担するということで、契約制度というのを広げているというように聞きます。イギリスでも政府が直接大学に色々指示するという仕組みはとらないという考え方がはっきりしていると思います。そういう意味で、どうも日本の場合は行革にもまれて、そのへんのけじめがすっかり失せてしまったのだろうかということを非常に心配します。

次に独法化と民営化。これは違うに決まっていますが、独法化したら、もう民営化というのはないのか。独法化というのは、民営化にかなり近いものなのか。また、独法化は将来の民営化へのステップなのか。というような心配、議論もかなりあるようです。これは独法制度を決めた行政改革会議の最終報告にある言い方ですが独法制度等の一連の行革について、「これは市場による耐えざる検証に行政をさらしていく試みである」といっておりまして、やはり市場原理主義の考えが背景にあるようです。ですから、かなり民営化的な考え方がないわけじゃない。それと、中期計画が終わった時点で事業を継続するか、廃止するか、あるいは民営に馴染むようだったら民営化するかということを判断するということになっているわけです。ですから、行政改革の会議等に関与して、大学改革を色々議論しておられる人の中には、国立大学法人というのは民営化へのプロセスだというふうに考えている人もいるようです。ただ、制度の形としてはそういうことではない。この中期目標終了時の検討という考え方、これは独立行政法人通則法に規定がありまして、それを国立大学法人にも準用しているわけです。大体通則法の規定の半分以上は国立大学法人法で準用しているわけですから、基本的性格は独立行政法人です。ですから、中期目標による管理ということ、目標に即して成果を評価し、その結果によっては民営化するかどうかという議論もありうるということは独立行政法人と同じだろうと思います。

国立大学と私学の関係—その将来像—

国立大学と私学の関係の将来像ということですが、これは時間も少なくなってきましたので簡単に申し上げたいと思います。まず、国立大学が私学化するかどうかという問題です。私学化という意味は、その体質、行動基準が私学的になるか、民間企業的になってくるか。高等教育市場において自由に、戦略的に行動し、私学の強力な競争相手になるかどうかということです。一つには、法人化によって国の維持管理責任がどうなるか。従来の国立大学では学校教育法の五条で、維持管理の責任を国が負っていた。それが法律上は一応なくなったわけです。今度は、国は予算の範囲内において必要な経費を補助できるということで、その規定から見れば私学に対する補助と同じような規定です。ただ、これは国大協と政府とで法人化に当たっていろいろ協議した中で、国は従来と同様に予算的に責任を持っていくということがかなりはっきり打ち出されています。この点は、現に今年度予算でも既に昨年と同水準以上の予算が確保されたと言われています。ですから当面は従来と同じ親方日の丸を続けるものと思います。

実は、法人化を議論している段階で国立大学協会が一番こだわった点が二つあったようです。その一つが、国が設置者になるということです。もう一つは、経営と教学とを分離しないということでしたが、ここで関係があるのは前者です。やはり国立大学としては国が維持管理の責任を持っているというその地位はとても放棄できなかったわけです。だから国が設置者になるということには最後までこだわった。国立大学法人の制度設計をした文科省の調査検討会議の最終報告でも「設置者は国とする」と結論したのです。それが法律化の段階でガラリと変わって、設置者は国ではなく、国立大学法人になりました。国立大学法人が国立大学を設置する、しかし法人と国立大学の組織は同じものだという、非常に分かりにくいことになったわけです。これは説明によると、技術的な理由からであって、設置者というのはその学校の施設、財産を所有しなければならない、そうなると法人がそれらの所有者である以上、法人が設置者にならざるをえない。そう説明されているようですが、このへんは余り出来のいい仕組みとは思えません。そういうことで、民間的経営手法といっても、その基盤となるべき自己責任の原則は実態上ないわけです。ですから、大学の存立が自らの努力にかかっているという危機意識は生まれにくく、学長を中心とするトップマネジメントのシステムは出来ても、それが十分に力を発揮できるかどうかは不安な点がある。民間的経営手法を十分に駆使できるかどうか、あの学部を廃止してこの学部にするとかそういう組織全体としての最適な戦略を実行できるかどうかというのは、全くトップの力量に係ることになるでしょう。トップに力量があればそれを十分に発揮できる仕組みはできているわけです。とくに目標による管理というのは、トップが力量を発揮する上において、大変力になる方式だと思います。中期目標・計画を定めなければならない。それは世の中に公表されて、それが実施されたかどうかということを、文部科学省だけでなく社会が評価するわけです。ですから、トップとしては目標を定めた以上、それの実施について最大限、努力をすることだろうし、学内の協力態勢も作り易いと思うのです。そういう意味では、目標による管理というのは、トップが力を発揮する上において大変に役に立つ。それで、各大学の中期目標や計画を見ますと、かなりのことが書いてあります。教員の業績評価をやる、評価したらその結果を待遇に反映させるということも書いているところが随分多い。これは書いた以上、今までの国立大学ではあまり考えられなかったことですけれども、多分やるのではないでしょうか。それから、学長の力を強めるために、資源の一定枠を学長があずかる。学長の裁量で配分できるということも、かなり多くの大学が書いています。そういうことになってくると、意外と強力な戦略的経営の大学が出てくる、私学としては大変だということになる可能性は十分にあると思います。そこで私学も、より具体的な目標、ミッションをはっきりさせ、それを学内全体で共有できるようにすることが、これから大事になってくるのではないかと思います。今の建学の精神というのは、そういう意味ではとかく抽象的すぎて、それが本当に教職員全体の意識に浸透し、行動の基準になるかどうかというのは、ちょっと疑問です。ミッションというか、目標・計画というのをはっきりさせ明文化していくという努力がこれからは欠かせないのではないかと思います。

国立大学と私学との関係の問題として、次にイコールフッティングという問題があります。そもそも国立と私立の完全なイコールフッティングというのは論理的にありえない。国立大学の維持の責任を国が負っている以上は、私学とのイコールフッティングというのはありえないことです。いずれにしても、今の段階でイコールフッティングを実現するには国立大学を民営化するか、私学が国営になるかしかないが、それは当面ありえない。しかし、このイコールフッティングということは、これからはますます厳しい問題になると思います。国立大学は民間企業的手法を取り入れると言うし、将来は民営化も議論になりうる、また、少なくとも制度上は国が設置者ではなくなった。私学との関係は一層競争的になってくる。そこでたとえば法科大学院のように特定の専門領域で私学と競うことになると、国、私の財政支援の格差が表面化し、まさにイコールフッティングが厳しい問題になってきます。法科大学院の場合はやむを得ず二五億円の補助金を出して、授業料格差の若干の調整を図ろうということのようですが、そういう例も出てきた以上、この問題はさらに波及して一層厳しい問題になってくるように思います。イコールフッティングが理論的にありえないのであれば、これはある程度の格差是正を図るよりしょうがない。しかし、格差是正を図っても、それで競争がフェアーになるとはいえないと思うのです。

競争条件を平等にし、フェアーな競争にすることが出来なかったらどうするかといえば、全面的に競争に委ねることが間違いだということです。つまり、市場原理だけでなく、ある程度の政策的な調整が必要です。従来はシェアーの調整、配置の調整があったわけです。分野によってあるいは地域によって設置の規制というのがあった。過当な競争と資源の無駄をある程度抑えるような配慮があったわけです。それが規制緩和の思想から言うと、大学の活力を削ぐからということで、段々なくなってしまった。これはやはり問題なので、競争一点張りでは教育の世界というのは成り立たない要素が随分あるわけですから、イコールフッティングをやってくれるならそれで結構、完全に民営化するならそれで結構ですが、それができるわけがない以上は、やはり政策による設置の調整というのは考えるべきことだと言えるのではないでしょうか。

競争、競争と言っているのは、これは経済の視点、企業の活性化という視点ですが、教育サービスの受け手の側から言えば、競争も大事かもしれないけれど、やはり安定性、安心というのも大事です。公平性も大事です。そういう理念を全く無視して、教育のシステムは成り立たない、上手くいくわけがないと思うのです。ですから、今、規制緩和一本やりで設置の調整、規制というのは一切やらないという方向にだけ行っていますが、一方で、今高等教育のグランドデザインを描こうという話になっている。これは当然で、競争、競争といって、競争を煽るだけでいい教育の姿ができるとは思えないのです。優勝劣敗の落ち着かない不安の多い教育の世界というのは、学生にとって決していいことではない。社会的な資源としてみても、無駄が非常に多くなるということですから、これは理性的に考えれば政策的な調整ということは不可欠です。今は規制緩和だけであって、国の政策というのはほとんど姿が見えなくなっています。それで済むわけがない。グランドデザインをという声は、そういう意味で、将来の高等教育の全体像への不安から出てきていると思うのですが、そこで国の政策というのをどういうように再構築していくか。規制という要素がどういう部分で必要であるかということは、これから少し考えなければならない。私学の政策を考える上での非常に大きな点ではないかと思います。

時間がなくなりまして少し尻切れになりましたことをお許しください。ご清聴ありがとうございました。

(「経営」とは、目標に対して最小の費用で最大の効果をもたらす戦略的活動)

② 独立行政法人制度の考え方

○行政のスリム化 - タテのアウトゾーシング(企画立案部門と実施部門の分離)

○民間的経営手法の導入 - ・ルール型からミッション型へ(目標による管理)

・マネジメント・サイクル(計画・実行・評価)

2. 国立大学法人化と独法化と民営化

① 独立行政法人と国立大学法人

法人化の経緯

・独法化反対決議(平成9年国大協緊急常務理事会)-「定型化された業務について効率性を短期的に評価する独立行政法人は、多様な教育・研究を行っている大学に全く相応しくない」

・行政改革会議最終報告(平成9年12月)- 長期的視野に立って検討

・国の行政組織等の減量、効率化等に関する基本的計画(平成11年4月閣議決定)- 独法化については、大学の自主性を尊重しつつ、大学改革の一環として検討し、平成15年度までに結論を得る

国家公務員は12年度から10年間で25%削減

独立行政法人と国立大学法人の関係

・通則法の基本的枠組みを活用 - 中期目標による管理、自律的な運営、国による財源措置等

・特例的措置 - 学長任免についての申し出、中期目標についての意見聴取と配慮義務、大学評価・学位授与機構による評価結果の尊重

② 独法化と民営化 - 独法化は民営化へのプロセスか?

行革会議最終報告—独法制度等の一連の改革は「市場による絶えざる検証に行政を晒してゆく試みに他ならない」

中期目標期間終了時の検討—検討の結果に基づき、業務の継続(民営化、業務の改廃)、業務運営方法、組織のあり方などに反映させるよう所要の措置を講ずる

3. 国立大学と私学の関係—将来像—

① 国立大学は私学化するか

・「民間的経営手法」の導入

・政府と国立大学の関係

② イコールフッティングについて

・国立大学と私学との「公正な競争」は可能か

・競争条件の格差是正かシェアー調整か

③ グランドデザインについて

・国立大学と私学の関係の将来像 - 政策か市場原理か

・規制緩和とグランドデザイン

《レジメ》

国立大学法人と私学

16・6・4

瀧　澤

I　大学改革の変質と私学政策　-「個性化・多様化」から「効率化と質の向上」へ

① 大学審議会 10 年の軌跡　テーマ - 高度化、個性化・多様化、活性化

改革手法 - 規制緩和、弾力化

改革の成果 - 大学院改革、教養改革、教育サービス改革？

② 構造改革のインパクトと「21 世紀の大学像」答申 - 大学改革の転機

国立大学改革への焦点化

「自主改革」から「行政主導」へ

「多様化」から「効率性」へ

「21 世紀の大学像」答申の主な方策
・質の向上
・柔構造化 (自立性の確保)
・運営体制の整備
・評価システム

(参考)　平成 9 年　行政改革会議等で、国立大学の民営化または独法化を論議

同 10 月　自民党行革推進本部民営化または独法化を打ち出す

同 11 月　国大協総会独法化反対決議

「21 世紀の大学像」- 平成 9 年 10 月諮問、10 年 10 月答申

③ 大学改革の構造改革化

総合規制改革会議第 1 次答申 (13.12) と中教審答申「質の保証に係る新たなシステム」(14.8)

第 1 次答申の「改革の方向」-「事前規制を緩和するとともに事後的チェック体制を整備するなど、一層競争的な環境を整備することを通じて、教育研究活動を活性化し、その質の向上を図っていくことが必要」

行政と大学との関係のあり方、国立と私立との違いについての理解？

・国立と私立では「競争」の意味が違う
・国立は行政の範疇に属し内閣のコントロールが必要

④ 国立大学改革に巻き込まれる私学

なぜ今、段階的是正措置 (学校教育法、私学法改正) の導入か

認証評価制度の実施か

私学のガバナンスが問題か

II 国立大学の法人化は私学にとって何を意味するか

1. 国立大学法人化の背景

① 思想的背景

新保守主義の行革理念市場を通じた資源配分の優位性と効率性の追求

指導的理論―NPM、New Public Management

(公共部門への経営理論の導入―行政の現代化)

著者紹介

瀧澤　博三（たきざわ・ひろみつ）
1932年、東京生まれ。1955年、東京大学法学部卒業。同年、文部省入省。
文部省大学局大学課長、管理局審議官、国立教育政策研究所長等を歴任。
元帝京科学大学学長、日本私立大学協会附置私学高等教育研究所主幹。
主な著書に
『教務事務職員のための大学運営の法律問題と基礎知識』（編著、学事出版、1969年）
『教育改革への視点』（教育開発研究所、1994年）
『高等教育と政策評価』（共著、玉川大学出版部、2000年）
等がある。

高等教育政策と私学

2016年5月30日　　初版第一刷発行

著　者　　瀧澤 博三
発行人　　佐藤 裕介
編集人　　岩岡 潤司
発行所　　株式会社 悠光堂
〒104-0045　東京都中央区築地6-4-5
シティスクエア築地1103
電話：03-6264-0523　ＦＡＸ：03-6264-0524
http://youkoodoo.co.jp/
カバーデザイン　　彩小路 澄美花
印刷・製本　三和印刷株式会社

ISBN978-4-906873-64-7　C3036